U0076409

環保三十周年

中區慈濟志工口述歷史

林秀鳳等——口述

魏玉縣等——整理

證|嚴|上|人|開|示

環保初心 世代傳承

今（2020）年是慈濟環保三十年，還記得三十年前的8月23日，那天我人在臺中，清早要到妙雲蘭若去拜見我的師父（印順導師），車子經過一個夜市場時，一陣風把地上的紙、塑膠、紙板吹起，垃圾就這樣撞上擋風玻璃，坐在副駕駛座的我，嚇了一大跳。

所以那一天晚上，我到新民商工演講（吳尊賢社會公益講座）時，就把早上遇到的那一陣風，這一堆垃圾的事情，重講一遍。我告訴大家，人說臺灣是寶島，而我說臺灣是淨土，如果有心來整頓，一定可以整頓得比現在更美，但是這需要很多人的力量。諸位，你們可以鼓掌的這兩隻手，就可以做什麼？垃圾分類啊！我希望我們大家，共同來一個呼籲，要如何呼籲？呼籲消滅垃圾的推動。

這個因緣，大家聽見慈濟、看見慈濟、了解了慈濟，所以會員、委員就這樣不斷地手牽著手投入慈濟的隊伍來。很感恩那一年的演講，的確是結了不少緣，慈濟人也就這樣出來，那樣的過程都一直感動著慈誠、委員。每一次我要到哪裡去說話，他們事先都要去清掃。

從那一天呼籲做環保開始，「垃圾變黃金，黃金變愛心，愛心化清流，清流繞全球」，我們做到了。三十年前不經意地呼籲，三十年後的現在，環保已經成為國際大事，慈濟人做出來了，在全球十九個國家地區，有逾十一萬位環保志工，人人都是以臺灣為典範，環保做得最好就是臺灣。

臺灣無以為寶，以環保、善與愛為寶，這都是因為有一群環保菩薩的付出無所求，真正是覺有情的人間菩薩，他們做出了典範。這一萬多個日子裡，菩薩沒有停歇過，天天如一日，沒有上下班的打卡，一大早天未亮出門，晚上做到摸黑回家，很多人連過年過節都沒有停歇，還要再去環保站打理打理。這就是慈濟人，那一種無私的大愛，無價的付出。

大家為師父一句話而做，不怕辛苦，不分早晚，天未亮就做，天天都這樣做。為了讓環境永續，都是自假自費、全年無休地投入。所以我說，真的是師父欠大家的人情債，欠大家的情很多，我生生世世都還不完，只好生生世世、心心念念、年年月月都是跟你們說感恩！我們要保持著生生世世同行菩薩道，我們的緣是結很深，是永遠不會斷，所以我很感恩啊！

期待每一位慈濟人總是莫忘那一年，三十年前，環保意識在臺灣民間還未普及，如果沒有那一群投入的志工，就沒有今天的成果。2010年，環保推動二十年的時候，我行腳到全臺大大小小的環保站，向志工感恩，也要大家挺腰說環保，向社區居民宣導「環保精質化，清淨在源頭」的觀念，鼓勵人人珍惜物命，確實做好垃圾分類與資源回收。

後來我又說「忍痛教育」，為什麼呢？因為2014年6月，我行腳到高雄的環保站時，正好有一輛環保車回來，我走過去看車子倒下來的東西，有垃圾、廚餘，還聞到回收物沒清洗乾淨所散發的臭酸味。我很不忍心，也很捨不得，到了高雄分會後，就跟環保菩薩們說「忍痛教育」。

教大家要婉拒民眾未做分類、夾雜不可回收物的垃圾，維護環保站的環境衛生，也保護自己的健康。大家很為難，覺得這樣是拒絕民眾的好意，會中斷民眾的愛心；我告訴他們，有愛心也要有智慧，要適時開導，讓民眾得到教育，而非長年累月養成不分類的習慣。所以說要「忍痛教育」，才能真正做到淨化人心，帶動正確的環保觀念與行為，讓民眾增長道心。

我們不只是為大地做環保，還要帶動人心環保，習氣就像一堆未分類的垃圾，需要用心分類，可用的加以珍惜，不可留的就要即時清理乾淨，做好心地環保，不能養成不好的習慣；人生短暫、無常，沒有辦法讓我們慢慢改。如果這個時候我們沒有做好，將來要改善資源回收分類的型態就很困難了。

時間累積過來，我們一直一直宣導，社會人士也都了解，大家都有經驗，家家戶戶懂得分類，資源就乾淨多了。從三十年前的那一群人，一直到現在所有菩薩愛的累積，期待著這一分愛是無量無邊，但願愛的能量凝聚更大、更廣。這個時候，就是又要大提倡的時刻了。

每一位環保菩薩都有豐富的生命故事，都值得說出來，記錄成書，留下歷史紀錄。這不是要炫耀，是要為我們生生世世留歷史，成為後人的學習典範。大家要知道，每一本書都可以度人，慈濟這一部大藏經不能沒有你、我在其中。

未來的社會是年輕人的社會，現在年輕人各有事業、學業，以後誰來整理環境？誰來愛惜資源？這都是我們要多教育，看能不能帶出更年輕的志工，投入環保工作，不是為了錢，是為了替後代子孫造福、植福，為了清淨大地。

環保今年已經三十年了，大家最近都是一直在做宣導教育，試著要把做環保，從內心的歡喜，與外面的價值接軌，希望能讓環保亮點更多一點，讓更多人能看得見，不為什麼，單純只是為了環保教育。

今生為子子孫孫教育下去，來生我們還有一個很健康的天地，氣候是調和的，大地還是有豐富的五穀雜糧。期待我們的生活無慮，來生來世還可以這麼富有的大地，還是清新的空氣，要從我做起，每一個人從我做起，所以請大家要多用心。

彙編自1990年8月23日臺中新民商工「吳尊賢社會公益講座」開示、《證嚴上人衲履足跡二〇一四年秋之卷》第580頁、2020年7月27日至9月14日證嚴上人志工早會開示、「2020年全球環保幹事精進研習會」8月23日圓緣開示。

推|薦|序

菩薩覺有情

2020年是世界地球日五十周年，也是慈濟推動環保三十周年，人與自然依存關係密切，慈濟基金會也在這一年透過各項活動邀約社會大眾了解環保與氣候變遷、地球永續發展的關聯。臺中慈濟人文真善美志工為環保三十口述歷史紀錄的出書，也讓佳龍想起三十年前，證嚴上人應邀到臺中市新民商工進行「幸福人生」講座時，呼籲「請大家把鼓掌的雙手，用在撿垃圾、掃街道、做資源回收，讓我們這片土地變成淨土；垃圾變黃金，黃金變愛心」，三十年後的今天，全球已經有一千八百多萬人次響應，投入環保志工的行列。

近年來，全球面臨嚴峻的環境問題與大自然反撲，特別是2020年的COVID-19疫情擴散全球、澳洲森林大火等，無不在提醒人類應該去正視自己對於環境與世界的作為。如何轉危為安，是我們的共同課題，世界各地有許多為環境獻身的志工團體、保育中心，慈濟大家庭也在上人的帶領下，透過具延續性的環境活動，引起更多人們關注環境議題、響應環境保護，正視自身與環境間的相處之道，如同上人所說，期許人心虔誠，愛心凝聚，透過每一個人的力量去改變，減輕地球的負擔。

記得晨起時的《草根菩提》節目，許多慈濟家人在天未亮之時即默默在各地環保站從事環保分類工作，以實際行動實踐上人的法，一人雙手，匯聚百手、千手的力量，點滴成就現在的慈濟志業，這樣守護地球的心志，令人感動與敬佩。我們常說拯救地球，其實拯救的不只是地球，而是自己，因為最後需要依靠地球支撐下去的，是生活在這片土地上的萬物。

慈濟除了環保志工的投入外，也在各項建設或是生態保育中融入環保概念，以愛護環境大地為優先考量。與地球共生息也是環保的重要環節，佳龍在臺中市長任內，在四年內種植了逾五十萬棵樹，在閒置公有地、裸露的山坡地、海岸及河口等地點種植原生樹種，解決因都市快速擴張所引起的水災及熱島效應等環境問題，並建構城市緩衝綠帶，盼維護生態與提升生物多樣性。

2018年舉辦臺中世界花卉博覽會期間，我們也決定以「花現 GNP」為主題，以臺中的地方特色為主軸，強調綠色（Green）、自然（Nature）與人文（People）等核心價值，充分展現花博重視「生態」，強調跨物種、跨文化「共生」、「共好」的精神，盼生態保育深化為對這片土地的永續關懷，構築人類與自然間的共好未來。

環境保育包羅萬象，其實就從意識到自己對環境與土地的責任開始，我們也從周遭開始落實環境保護及生態保育，佳龍在交通部推動兼顧綠色價值，包括國道紫斑蝶保護、中部石虎路殺預警系統、墾丁陸蟹產卵保育等都是指標性作為，盼生態保育讓道路更有溫度，以後動物在路上將不是被路殺，而是祝福。

「大愛共伴有情天，寸步鋪路護大地」是三年前慈濟歲末祝福的主題，佳龍記得當時上人說，從過去、現在到未來，天下慈濟人都是以大愛共同作伴，人人都是「覺有情」的人間菩薩，落實佛陀教育，力行菩薩道。上人很堅持：「對的事情，做就對了。」「環保」就是從自己足下的那一片天地開始，邊做邊學，向外推展。

「大愛共伴有情天」，從跨出第一步開始，用寸寸愛鋪展寸寸道路，「寸步鋪路護大地」；保護大地，需要天下人共知、共識，還要共行，以實際行動落實節能減碳，感恩慈濟家人在地球每個角落辛勤努力環保工作，共同讓世界因此更加美好。

適逢今慈濟臺中人文真善美志工為環保三十口述歷史留下紀錄，能夠為此寫序，是我的榮幸。與上人一起實現永續全球環境，為環保要惜福再造福，與這片土地連結共生共好的夥伴關係，留給下一代更美好的未來與祝福，也是我們共同的期盼。

林佳龍
前臺中市市長

推|薦|序

善護念的環保菩薩

三十年前，證嚴上人應吳尊賢文教公益基金會邀請，在臺中新民商工社會公益講座中，呼籲「用鼓掌的雙手做環保」，提倡美麗寶島、惜物、愛地球的觀念，啟動慈濟人資源回收的腳步，也加速臺灣資源回收的推動。

三十年來，慈濟人以柔和卻無比巨大的力量實踐環保，每天用「鼓掌的雙手做環保」，慈濟志工都是菩薩，以善心善念感動周遭的人。「慈悲生智慧」、「利他佈福德」，實踐真善美的大愛循環。

109年9月25日佛教慈濟慈善基金會文史處師姊、師兄到我的辦公室看我，希望我可以為慈濟環保三十周年專書寫序，提到這是臺中慈濟志工的建議，聽聞欣然接受。我曾任臺中市環境保護局局長四年多之時間，那段期間是臺中市環保資源回收制度實施之初期，篳路藍縷，有臺中慈濟環保志工大力協助及響應，才可以締造全國第一的績效。

「環保三十周年中區慈濟志工口述歷史」訪談紀錄(註)，如證嚴上人所說：「人人都是一部大藏經。」每一篇都非常精彩感人，每一位的故事不同，都有令人感動及學習之處，他們每一位都有無比的毅力，小人物發揮最大的力量，對臺灣這塊土地的貢獻都功不可沒，他們真正是「善護念的環保菩薩」。

看到書中好幾篇訪談紀錄內容提及臺中市資源回收及廚餘回收，當時慈濟環保志工就是我們的夥伴，我們有共同走過的路，一回首已經二十年。因此我首先來分享當時臺中市如何規劃推動，並以數據成果表達最高的謝意。

我於民國71年起就在衛生署環境保護局服務（環保署前身），迄今已三十八年，見證了慈濟志工對環保的貢獻。

二十多年前全國垃圾處理場（廠）不足，垃圾大戰時有所聞。資源是放錯位置的垃圾，環保署第一任署長簡又新於民國78年推出外星寶寶，開始宣傳資源回收觀念，當時中央資源回收制度尚未完備，地方還沒有資源回收車，所有的資源都和垃圾一起丟到垃圾車。證嚴上人在三十年前就看到問題，鼓勵慈濟人以鼓掌的雙手做環保，將心動化為行動、愛臺灣救地球。

二十年前，九二一地震後第二年，也就是民國89年1

月12日由行政院環境保護署商調至臺中市擔任環保局局長，當時張溫鷹市長考量臺中市經常有垃圾抗爭事件，希望我發揮女性、專業的特質，和地方進行良善有效的溝通，同時將在環保署的經驗帶到臺中市，並進行長遠的規劃，將臺中市打造成環保城市。臺中市在民國88年有八個行政區，二百一十四個里，約九十萬人口，每日垃圾量約一千二百七十八公噸，文山焚化廠於85年開始處理垃圾，但是處理量不足，因此每日仍有六百二十四公噸垃圾須掩埋處理，每到天乾物燥的冬季，掩埋場偶有火災發生。我到任二至三個月即發生掩埋場火災事件，也造成當地里長里民抗議。俗話常說「不打不相識」，也因此讓我和當地幾位里長深談溝通，體會當地居民的無奈及委屈，也由於他們的督促、要求、給我具體的意見，讓我在最短時間可以接地氣，和當地監督委員會成為夥伴關係；也因此下定決心，積極推動垃圾減量、回收再利用、逐年減少生垃圾掩埋量。

臺中市是在民國88年辦理全面實施「強制垃圾分類」，89年7月1日起即分二階段推動廚餘回收工作，於91年率全國之先，在北屯成立寶之林家具回收展售中心，並且自91年7月1日起率先全國公告廚餘為回收項目。

廚餘回收在當時為首創，考量熟廚餘、蔬果生廚餘產出源及再利用方式不盡相同，應有多元不同的規劃。當時，廚餘堆肥廠尚須克服場地、設備技術評估以及經費籌措等問題，廚餘養豬雖然可以有效消化，同時降低養豬戶成本，但畢竟不是最好的方式，也無法解決果菜生廚餘的再利用問題。因此我於92年開始規劃臺中市螞蟻雄兵廚餘堆肥示範計畫，希望透過螞蟻雄兵計畫，每一位市民參與投入，發揮最大力量及成效。當時我的想法是，鼓勵百萬市民動手將廚餘變黑金（堆肥），參與民眾將每日產出的廚餘，利用小型廚餘堆肥桶，自己動手產製有機堆肥，再自行使用於庭院的花草樹木、或自家附近的行道樹、鄰里公園等，庭園也可以變得更加綠意盎然，讓居家環境品質變得更好。市民自己動手，過程100%參與，動手做環保化，甜美的果實及綠意會帶來愉悅的成就感，環保可以更生活化、更普及化。

因此，我們從輔導社區開始做起，也獲得許多社區及民眾的支持及響應。黃元杰師兄也在94年起開始響應，請官杏枝老師指導，甚至成立臺中志業園區廚餘屋。每每我到社區了解實施成果，看到的都是愉悅的笑容，北屯有一社區還種了許多漂亮的茶花，也送我一株帶回家種在陽臺上，這也應證了上人所說「布施的人有福　行善的人快樂」的一句話。

臺中市廚餘回收於92年完成全市一百二十條一般家戶垃圾清運路線全數收運廚餘作業，及八百六十四個社區配合實施廚餘回收工作，每月平均之回收量達二千五百公噸，廚餘回收績效更為全國第一，有效達成有機廢棄物減量之目的。

四年之間，每日垃圾量降至四百七十二公噸，垃圾掩埋量由每日六百二十四公噸降至二十三公噸，每人每日垃圾量更在88年一點一公斤降至92年零點四七五公斤，資源回收率達至34.2%，108年資源回收率高達60%。（我於89年1月12日至93年4月26日期間擔任臺中市環保局長的統計數據）提出這些數據，主要是表達我的感謝，初期蓽路襤褸，現已成全民共識。不僅是臺中市，臺中縣及中部縣市的資源回收環保工作都有相當的成果。截至108年底，慈濟臺中區有四十一個環保站，六百九十九個社區環保點，七千八百八十四位環保志工，在所有的環保活動、社區學校宣導活動都有慈濟志工的身影，不分彼此，不為自己，只為環保。

如臺中國小老師邱淑姿師姊(註)受到上人鼓勵弟子的話「合抱之樹，始於毫芒」，放下癌症標籤，把握奉獻的機會，圓滿「一千場環保宣導」的大願，開始再一千場的承諾。109年雖然受到COVID-19的衝擊，宣導活動場次也受影響，卻持續社區回收工作。

臺中黃元杰師兄小時困苦，努力改變宿命，婚後跟著大姊做滷味，後來自立門戶，也很受歡迎。和太太參加資源回收後，身體舒暢，進而戒掉抽菸、嚼檳榔的壞習慣。為了落實及確實執行，甚至放下滷味的事業，全力投入資源回收環保的工作。85年受委任成為中區環保組副組長，88年8月配合臺中市環保局強制垃圾分類，每天清晨四點半，天未亮時，出動一百零四位環保志工隨垃圾車宣導民眾配合。我還記得當時資源回收四合一制度，必須按月統計社區、學校、清潔隊資源回收的數據，並加以統計分析；當時慈濟中區環保組總是最認真、數據正確。黃元杰師兄做環保過程中，永遠歡喜心、誠信是不二法則，散發正面能量，才能獲得大眾社會的肯定及參與。

南投林金國師兄在草屯發揮創意出錢出力興建「南埔回收站」，把回收的資源充分再利用，如以回收水壺懸掛成兩排，象徵福氣很多，廢棄的彈簧床作為環保站圍牆，利用回收塑膠桶收集雨水成為南投社區環保特色，受到環保局及居民高度肯定。當完工時，附近草屯、社口等都已有環保站，擔心配合的人不多，他的太太說「只要我們好好地做，志工會自己來。」果然，他們的用心、巧思及熱誠，口耳相傳，志工真的多了。三十年來秉持的就是歡喜心，全家做環保，幸福又美滿。

書中印象最深刻的是柯國壽師兄(註)，當兵前，當學徒、學做黑手，和哥哥一起創業開工廠。婚後，兄嫂吵著分家，生活壓力排山倒海紛湧而至，經常把太太當作出氣對象，暴力相對。加入讀書會、撿垃圾、載回收物後，受到姑婆的關懷及感召，發覺慈悲及愛的力量，真心懺悔，徹底改變。他坦承面對、誠實待人，將自己在家暴力最不堪的一面說出來，這是最不容易的事。他從資源回收中領悟惜福愛物及感恩，如同放下屠刀，立地成佛，進而影響他人做大愛，願意給更生人機會，進校園反毒。這是多麼不容易啊！

黃陳淑惠師姊則是長年出錢出力、以熱食溫暖大家的心，看到大家吃得很滿足，就很歡喜。他們環保站是接引菩薩道場，讓慈濟照顧戶一起加入做環保，除可以吃飽不受凍，也成了心靈避風港，甚至改變了家庭。在2009年罹患猛爆性肝炎，上人的三求三不求願力，給了她很大的鼓舞。不為自己求健康、如意、減輕責任；但求精神敏睿、毅力、勇氣及增加力量。黃陳淑惠師姊凡事感恩、不怨天尤人，懷著如果不做，再也沒有機會結緣的心態，繼續環保布施。這樣的精神及意志力，菩薩也感動了。

七十二歲的環保幹事林秀鳳師姊，自三十年前聽到證嚴上人在臺中新民商工社會公益講座中，呼籲「用鼓掌的雙手做環保」，當晚便投入環保志業，沒有一天不做環保，環保已成她的DNA。她在臺中健行路開一家理髮店，她說白天賺的是世間財，晚上是功德財；她從做環保找到生命的價值，人生最大的收穫是看到地球已經變乾淨許多。

每一篇慈濟環保志工的口述訪談紀錄，都是他們人生的精華，三十年都有深深的環保印記及動人的故事。他們共同的特質就是樂觀、感恩、惜福、毅力及永不放棄的精神；他們都不是大人物，卻都是以自己一生成就環保的大英雄。

他們是「善護念的環保菩薩」！我在此致上最高的敬意！

張皇珍
財團法人商業發展研究院副院長

註：「環保三十周年中區慈濟志工口述歷史」訪談紀錄分別收錄於《拾福》、《惜地》二書，並先後出版；邱淑姿、柯國壽皆收錄於《惜地》中。

推|薦|序

做環保的手，最美的手

多年前，證嚴上人在高雄靜思堂主持的一場歲末祝福裡，有許多環保老菩薩出席。在上人為眾發福慧紅包時，老菩薩們一位位隨著佛號上臺，那一雙雙長滿硬繭的手，往往拿不住上人給他的蠟燭與福慧紅包，好幾位掉到地上。上人看到此景，接下來便細心地先牽住老菩薩的手，再把蠟燭與福慧紅包放進一位一位老菩薩的手心。歲末祝福後，上人既感動又讚歎，一雙雙老人家的手很僵硬，是一個個由年輕到老，為家庭、為生活，終日勞祿的生命印記；「那雙手，做了一輩子的事，現在又來做環保，那雙不曾休息的手，幾十年來，在生活中創造多少奇蹟，真的是萬能的手！這些手，是最美的手，也是最寶貴的手。」

上人對環保菩薩的感恩、疼惜與讚歎，是最真摯動人的師徒之情。上人感恩環保菩薩，從三十年前上人用「用鼓掌的雙手做環保」這句話帶動資源回收，便將上人的話聽入心，「對師父行」力行環保不懈。上人疼惜環保菩薩，為了做環保，不論年紀、不畏艱難，在時間、空間、人與人之間修行、磨練，毅然守護地球不退。

上人讚歎環保菩薩「彎腰做環保，挺身說環保」，讓慈濟環保志業從臺灣起步，撒播善種子到全世界，截至去年底，有十九個國家地區設置超過一萬個慈濟環保回收站、點，逾十一萬環保菩薩，為守護地球，在這些環保站裡，走進街頭巷尾日日忙碌著，形成最動人的「垃圾變黃金，黃金變愛心，愛心化清流，清流繞全球」環境永續的循環典範。

記得在還沒回來基金會服務之前，我在新竹科學園區，科技業工作繁忙，不少高階主管喜歡打高爾夫球或游泳做為休閒健身的活動，我是把做環保當運動，週日一定到社區附近的「千甲環保站」做志工；2015年開始，擔任慈濟慈善事業基金會的董事，感恩上人鼓勵我常回精舍隨師，我和師姊慈竑就固定安排在每週六回花蓮隨師，晚上一定趕回新竹；週日早上八點多，依然到千甲環保站做環保，這樣的習慣一直維持到我2017年離開新竹。之所以如此恆持，一方面我認為環保是最有意義的運動，另一方面，是被這些環保菩薩所感動，自然想去。

千甲環保站是新竹市68快速道路橋下的環保站，一週只有週日或週六集眾資源回收，高架橋下的環境，橋中有縫，雨天還得避開下雨區，時不時橋上有大卡車經過的躁音，環境相當「幸福」，然而環保老菩薩們每到週日，總是一大早就到環保站；印象很深的是楊昌熾師兄，當時他已經八十幾歲，若沒有人載他，楊師兄會獨自步行四十分鐘來環保站。他溫文儒雅話不多，總是靜靜地做環保；話少的他，最常說的是「跟著師父做就對了」、「聽上人的話，一定要做環保」。有時候，我因為工作忙不過來，請假沒去，下一次在環保站見面時，楊師兄會關心地問：「很久沒看你來環保站了？你好嗎？工作忙也要照顧身體……」那分真誠與溫暖，彷彿環保站是一個大家庭，我是楊師兄的家人一般。

還有林德光師兄，為了載科學園區的環保物資，自掏腰包買貨車、親力親為資源回收，也一路上耐心陪伴大家做環保；還有千甲環保站首任環保站站長謝梅桂師姊，她擔任清潔工作，獨力撫養女兒成人，自己的生活清平簡單，做環保則是全心專注，而且逢人就說慈濟，是臺灣女性堅毅勤樸的縮影……

環保菩薩們彎腰貼近大地，難拾能拾（回收物）、難聞能聞（髒與臭）、難行能行（推環保），尤其那分追隨上人，拳拳服膺的行動、秒做分類的敏捷身手，深深讓我感佩；我回到花蓮後，時間上無法再去做環保，但每次和環保菩薩演講分享，是讓我最親切、最歡喜的事，也推進著我不斷地將環境永續、地球永續的觀念與方針，日日用心，論述推動。

《拾福：環保三十周年中區慈濟志工口述歷史》這本書，收錄林秀鳳、李前英、洪妙禎、曾欽瑞、黃元杰、陳淑惠、林金國、林桂香等八位臺灣中部地區環保志工的故事。他們有的是親耳聽到上人呼籲後，回家就開始投入環保，也有的是受志工精神啟發而共行環保。他們是全球環保志工的縮影，都是不在乎付出多少時間體力，不管回收物變賣之後能換成多少善款，即使必須自掏腰包付油錢、餐費，也甘之如飴。因此，藉由本書的出版，我要向全球環保志工表示誠摯的感恩。

而這本書的誕生，還要感恩中區慈濟人文真善美志工團隊，他們將環保志工動人故事的口述歷史，在慈濟基金會文史處輔導協助下，完成編採輯錄進而付梓，非常不容易；不但體現「用心就是專業」，更做到上人「為時代作見證、為慈濟寫歷史」的期許。

「經者道也，道者路也，路者行也」，臺灣的環保路，在世界演進的浪潮中，有耀眼成績，也有來不及的急迫。做環保的手，是最美的手，敬以此書，向全球慈濟環保菩薩致敬，更希望透過本書，帶給更多人心靈的啟發，成為環保志工的一員，一起守護地球永續平安。

顏博文
慈濟慈善事業基金會執行長

推|薦|序

地球的貴人

佛經裡曾經有一故事，描述一隻小鳥看到森林大火，當所有森林的猛獸都拚命地往森林外逃跑，只有一隻小鳥飛到河邊，銜著一滴一滴的水，來來回回地要澆熄森林大火。這故事聽來總是讓人覺得不自量力，一隻小鳥，一滴水滴，怎麼能澆熄森林大火？這故事的發展是，森林大火果然熄了。因為小鳥的虔誠感動了天神，天神降下一場豪大雨，把森林大火給熄滅了。

這故事何止是神話，它是一個傳奇；它是古代的傳奇，也是當代的傳奇。

一群慈濟環保志工，為環境，為地球，用雙手回收物命。他們有著不同的生活背景，或老師，或小工，或美容師，或單親家庭，或做小生意，他們的生命可以平凡無奇，但因著一念善心因緣，加入慈濟環保資源回收，用雙手守護大地，珍惜物命，改變地球命運，也改變自己的生命。

如同美髮師林秀鳳所說：「做環保，不但可以保護地球減少汙染，做地球的貴人，更可以找到自己生命的價值。」秀鳳師姊早年與先生離異，一個人撫養孩子。離婚多年後，兒子結婚了，她請先生參加婚禮，還坐主位。她謹記上人的教導，不要拿別人的錯誤來懲罰自己。老公病危，秀鳳仍然惦記著，請慈濟人幫他助念，為他送行。一張美髮椅，一顆真純的心，一雙手，書寫秀鳳不凡的人生。

慈濟的環保資源回收，給予類似秀鳳這樣遭遇人生重大挑戰的人，超越苦難，締造幸福的人生。回收資源，回收自信，地球清淨，心也清淨。這是環保站許許多多小人物所締造的生命傳奇。

慈濟環保志業號召數十萬全臺志工投入「愛地球，愛物命」的永續工程。

是什麼力量讓這些志工能鍥而不捨從事環保？他們內心的動力是什麼？

做環保，不只是資源回收，環保的本質是建立珍惜物命的生命觀。當你認知物質有生命，你會不由自主地愛上這些生命。所以慈濟環保志工不是在回收場才做回收，他們只要在路上看到一只寶特瓶，都會停下來，撿起來。因為看到一個生命被丟在路旁會不捨，這是志工真實的感受。不由自主，覺得過不去，就像看到一個孩子躺在路旁，你會去把他扶起來。高雄環保志工告訴我，她的母親從鄰里回收一堆堆瓶瓶罐罐放在家裡，半夜還爬起來做分類，沒做完心放不下。做環保都有一種不捨的感受，不捨這些回收物沒有適當地被歸類，被整理，就像尋回一個的生命，需要被關愛，需要被好好清潔、修飾；這就是環保志工對待物命的心境。

這種心境運用在生活中，就會珍惜每一樣物品，不會輕易丟棄，不會輕易浪費。所以從回收到減量，從減量到不使用一次性的物品，不會用後即丟；這是一種將物質當生命對待的生命觀。

正是這種生命觀，使得環保志工終身從事回收，從六十到七十，從七十到八十，至死不休。甚至臨終了，問他要去哪裡？他們會說，乘願回來，再做環保。他們內心正是經歷與諸多生命交融後的喜悅，這喜悅轉化人的生命，因為做環保，他們一直活在愛中。

所以為什麼做環保能改變人的命運？

因為一個愛生命的人，他的生命一定樂觀的。一個每天都在拯救生命的人，他的生命一定充滿亮麗與幸福。拯救人的生命功德很大，拯救物質的生命功德一樣大。環保就是在拯救物質的生命，一個寶特瓶回收可以再使用，可以延長物命，這就是在拯救生命。一個把物質都當作生命疼惜愛護的人，對於人的疼惜與愛護自然更加深刻。

這說明為什麼很多環保志工在做資源回收之際改變自己的生命，因為他們每天都在啟發內心的愛與慈悲；這說明秀鳳有心量能原諒前夫；這說明為何前英師姊在老公家暴、外遇、負債，她仍然不離不棄，孝順婆婆，顧好整個家庭。她的內心有飽滿的愛與慈悲，這慈悲讓她具備力量承擔這一切的不幸與委屈。這種從珍惜物命所啟發出來的愛與慈悲，讓妙禎老師孜孜不倦地推動靜思語與環保教學，也得到三任總統的表揚。

活在愛中，讓人的心不被身體的孱弱所困，所以欽瑞師兄年過八十，身體欠佳，仍然繼續做環保。因為在持續的愛護生命歷程中，人自然能保守堅韌的心靈，不會被外境所囿限。身是身，心是心，心主宰感覺，弱而不僨，病而不苦。心靈力永遠能超越身體與物質的綑綁，讓人得到真正的自在與自由。

如同桂香師姊從事環保之後，就不再為先生的早逝而時時哭泣。她重拾信心，因為即便愛的對象不在了，但是愛的能力仍然具足，只是暫時被我們遺忘。一旦投入珍惜物命，愛護生命，又重燃內心本自具足的愛與慈悲。

慈悲與愛所鍛造的心靈力，也引領桂香師姊面臨親弟弟的無常與兒子的傷痛，能無怨尤，一一地超越。心靈力超越外界的際遇，際遇是被心的能量所決定；心靈力來自慈悲與願力。遭逢不幸，正是發大願的時機，這是桂香能在逆境中尋回幸福的關鍵。

心是命運的主宰，不是命運的奴隸。所以證嚴上人才說：「要運命，不要命運。」心能主導命運，就必須具備慈悲與愛。慈悲與愛是強大心靈力的泉源，這是為什麼環保志工經常活在定中，無論是順境、困境，無論是生老或病死。

一位環保志工老菩薩在花蓮慈濟醫院的心蓮病房，正面對生命的終結。年輕的志工經常來陪她。一天，年輕志工進到病房陪她，隨口就說：「老菩薩，妳要什麼時候走？」慈濟人不太忌諱談死亡，這種閒聊很自在。老菩薩回答說：「都可以啊！選個好日子就走。」年輕志工說：「哦！對了，今天志工早會上人有說，今天是天公生，今天是好日子。」老菩薩一聽，「哦！今天是好日子，好，那我走了。」她躺下來，一會兒，老菩薩就往生了。

曾聽說，淨土法門一心念佛，預知死亡之時。一位資深記者跟我說，他朋友的母親一心念佛，一日這母親跟兒子說，某某天她就會離開。兒子以為母親隨便說說，但那一日到來，母親果然走了。這是修淨土的功德。

慈濟環保志工老菩薩在長年愛惜物命、守護生命的歷程中，不但修得生死自在，還來去自如，說走就走了。何以如此自在？因為心中有愛，乘願再來人間，接續愛。這種生命的覺悟，心無罣礙，無罣礙故，這正是慈濟宗修行人，從利他到覺悟永恆的生命歷程。

何日生
慈濟慈善事業基金會文史處主任

出|版|緣|起

做就對了

自從證嚴上人在臺中新民商工演講呼籲聽眾——用鼓掌的雙手做環保，當日在臺下聽講，除了臺中在地人，也有來自外縣市的慈濟志工和會眾，許多人深受感動，回家後就開始身體力行。

三十年來，慈濟志工做環保，隨著時代變遷，一步步成長，從開始的資源回收，深化為清淨在源頭的簡約生活態度；從個人實踐，提升成社會環保運動的宣導與帶動；從臺灣拓展至全球十九個國家地區。

慈濟基金會文史處為感恩志工的付出，同時留下他們這些年累積下來的珍貴經驗，規劃《拾福：環保三十周年中區慈濟志工口述歷史》專書，以中區為起點，訪談在三十年前的演講中，聽見上人呼籲，回家後就投入環保，並在鄰里間開枝散葉的「先行者」；追隨先行者的腳步，繼而在社區帶動與推廣的「共鳴者」；以及默默投入，不遺餘力的「小螞蟻」。

「拾福」意涵，出自上人對志工的勗勉，期待人人感恩天地恩德，只要四季調順，大地即能隨時出產糧食穀米，使萬物繁榮；也要感恩大地承載天下萬物，供應資源，應珍惜使用。同時也叮囑，人類對大地已是過度開發，追求享受而不斷汰舊換新、鼓勵消費也大肆浪費；慈濟人惜福惜物，不在意這是廢棄物，人丟我撿——他「丟福」，我「拾福」，即是修福。

至於八位訪談人選的產生，是透過各社區的志工組隊共識推薦，由人文真善美志工承擔記錄，以具「為慈濟寫歷史，為時代作見證」的經驗值為標準，藉由他們做環保的歷程與經驗，勾勒出慈濟志業和社會發展的交會脈動。設定訪談主題時，先以慈濟志工的生命經驗為主，同時透過慈濟人連結地方事務，藉以增加歷史縱深。中區慈濟志工如何推動環保，屬於慈濟的歷史；個人所見所聞，或涉及社會氛圍、政府政策施行等，則視為時代的見證。

環境保護攸關地球永續發展，是現今全球共同努力的重大目標。然而，千里之行始於足下，本書口述人物是全球逾十一萬位環保志工的縮影，不談學問、不論地位，只有疼惜物命、守護大地的實際行動，以及充分發揮人身使用權的生命價值觀。期待他們的故事，能帶動更多年輕一輩，共知、共識、共行環保，一同守護萬物賴以生存的地球。

慈濟慈善事業基金會文史處

目錄

【附錄】

歷練捨與得

林秀鳳訪談紀錄

我總是提醒自己，要學習做到「分秒不空過，步步踏實做」，一年三百六十五天我都在做環保，不曾間斷，真的是有做到了！

——林秀鳳

◎訪談：魏玉縣、方佳惠
◎記錄：魏玉縣、方佳惠
◎日期・地點：2020年8月5日・麗髮院（臺中市健行路）
2020年8月12日・麗髮院（臺中市健行路）

【簡歷】

1948年（民國37年）林秀鳳出生於臺中東勢，二十四歲結婚，育有三個兒子，1979年結束婚姻關係。1990年8月23日參加證嚴上人於臺中新民商工的「吳尊賢社會公益講座」後，當晚便投入環保，1995年受證為慈濟委員和榮董。1991年至2002年期間，經常參與慈濟列車回花蓮參訪，在列車上承擔手語志工。受證後承擔過第六組（舊編制）小組長與精進幹事，2014年開始承擔環保幹事至今（2020年）。

我是林秀鳳，1948年（民國37年）出生在（臺中）東勢鎮明正里；我有兩個哥哥、三個姊姊，從小大家都很疼我。

1990年8月23日，林秀鳳（右）和三姊林阿良在新民商工聽證嚴上人演講。上人看到大家用雙手熱烈鼓掌，便說：「請大家把鼓掌的雙手，用在撿垃圾、掃街道、做資源回收，讓我們這片土地變成淨土；垃圾變黃金，黃金變愛心。」林秀鳳當場受到感動，當晚就拿起大袋子，沿街撿資源回收，開始投入環保到現在。（攝影／章宏達）

憨人有憨福 學功夫用一生

我們家裡務農，種菊花賣給工廠烘乾，家境還算不錯。以前住家附近沒有學校，哥哥、姊姊如果要讀書，必須走路到很遠的石城[1]那邊，因此都沒有去讀書；我出生後，明正里才有學校[2]，我才能讀書。

大哥、二哥對有點聰明的我期待很高，希望我好好讀書，甚至說，只要我努力讀書，出國留學也願意讓我去。可是，三姊林阿良沒有上學，她很愛寫字，我回來的功課，她都替我寫，寫得亂七八糟，害我去給（被）老師打，為了這樣，我不是很愛讀書，不願意上學，國小畢業後就沒有意願升學。

媽媽看我不愛讀書，要我學會一技之長，她有說：「妳要學點功夫，不然以後會被妳先生箍（臺語，音khoo，被綁住之意）去。」所以要我去學美髮，而且還拿錢請師傅一對一地教我。十六歲我去臺中市一家女子美髮院，當了一年多的學徒。因為男士理髮比較好賺，我三姊林阿良來臺中開一間男士理髮店，需要有師傅，所以叫我去學，我就跟她學男士剪髮。三姊開了半年就不做了，二十歲那年，我就到臺北去闖蕩天下，看看大都市，來去學功夫。

以前都有介紹所，他（介紹所的人）就帶我去，去的時候是在板橋，那個老闆娘叫烏點仔（臺語，人名，音oo-tiám-ê），我是半桶師仔（臺語，音puànn-tháng-sai-á，意為學藝未精的技術人員或學徒），工作的理髮店隔壁是撞球間，時常有道上兄弟在那裡（指理髮店）剪頭髮。

一天，有一個老大要找老闆娘，說要找一位師傅給他，他要教剪頭髮的技術，因為他有三十幾位弟兄，都要剪同一個髮型。當時店裡的師傅都不要去學，應該是他們會害怕老大，我就是庄跤囝仔（臺語，音tsng-khagín-á，意為鄉下小孩），就憨憨（臺語，音gōng-gōng，形容呆傻）地跟老闆娘說：「老闆娘，我來。」可能有另一個原因，當時賺的錢都是大家公分的（臺語，音kong-pun-ê，平分之意），沒做也會跟別人分一樣多。

所以我是憨人有憨福（臺語），因為這位老大交代，他們的髮型，剪頭髮的技術是一支接一支（臺語，音ki，一根接著一根之意），就算頭髮長了，梳一梳也是很順；那是剪西裝頭[3]，我剪到最後對方很滿意。之後，我的客人也增加很多，可是賺的錢都要跟人家平分，在店內的工作都要做，我覺得有點不公平；工作一段時間後，我就換到西門町，在那邊就比較好。

我在北部磨練，學一手好功夫，二十四歲那年我回到臺中，三姊告訴我：「不要再去臺北了，就留在臺中。」我就搬回臺中，也是幫人剪頭髮；我剪到現在，我的功夫都是在那裡（臺北）學的。

面對婚姻 勇敢重新再出發

回臺中工作的第一年（1972年），我在店裡認識一個客人，年初認識，他是做廣告設計的，就是印刷、畫圖的，他叫黃進發，我們認識不到一年就結婚了；結婚後，我們住在公公家，沒想到婚後他都在外面拈花惹草，一點責任都沒有。有一次我偷偷坐計程車跟蹤被他發現，他還因此罵我。可能是為了綁住我，他不知用什麼方法在地政處[4]替我頂下理髮部，一家人就搬到地政處理髮部後的兩個小房間，從此我就忙著顧店，沒辦法去跟蹤他。

我在理髮部當老闆娘，有一次，黃進發還為這種事（拈花惹草）出手打我；我去上班時，在店裡工作的師傅看到我，對我說：「老闆娘，妳怎麼可以讓他欺負，為什麼他為了別的女人打妳？」他說：「我帶妳到外面去。」我也不知道師傅要帶我去哪裡？他帶我，我就跟他去，他帶我到林森醫院去診斷。黃進發打我臉上有五根手指頭的痕跡，還有瘀青；師傅又帶我去代書那裡，要對黃進發提告。代書應該是師傅認識的，結果法院調單（法院傳票）來了，調我也調黃進發。

法院問他，某某時陣（臺語，音**bóo-bóo-sî-tsūn**，指特定的時間）有打過什麼人沒？他說：「有。」他有承認，後來他告訴我：「怎麼做才願意撤銷告訴？」我跟他說：「我要跟你離婚。」那時老大小學一年級，老二還沒有讀書，老三兩歲多而已，我本來都因為三個孩子還小，忍受他的行為，但在那次打我之後，我已經對他感到灰心。既然家中大小事都要由我自己做，我要這種婚姻有什麼用！（1979年）就和他到戶政事務所辦離婚手續，結束婚姻關係，最小的兒子就跟著我，從此母子二人相依為命。

他要搬出去，把家裡所有的東西都搬空，只剩下一張床，那是我跟我公公要的。他本想要搬走，剛好我小兒子在睡覺，所以他也沒有當場將棉被帶走，卻在事後一連來跟我要了三次。第三次來的時候，他問我：「妳去買棉被了嗎？」我說：「還沒，你要的話，就是那件而已，想要那件帶走沒關係。」我有一個客人江先生聽不下去了，就拿出一仟元放在鏡檯上，告訴我：「老闆娘，這一仟元給妳拿去買棉被。」他聽到可能覺得不好意思，從此沒有再來跟我要。

他真的做得很絕情！還沒離婚前，我標了一個會給他還債務，幸好我還偷偷留了一個會。他把東西搬走後，我將會標下來，把所有失去的東西都補回來。我真的很氣他、討厭他，不想再看到他。離婚後，地政處要搬到黎明社區[5]，那時候憲兵隊的長官是我的客人，他問我：「妳那邊沒有做，要不要到我們這邊。」所以我就換到憲兵隊的理髮部工作，我就先在外面租房子住。

憲兵隊裡面的人很少，光靠幫他們理髮，不夠養活我和小兒子，所以我必須在外面的理髮店兼差。有一次，憲兵指揮部的指揮官要來找我剪髮時，我剛好不在，他知道我在外面兼差，一個星期只有兩天可以來憲兵隊，他希望我專心留在憲兵隊，就幫我整修理髮部，並開了一道向外開放的門，讓我可以對外營業，這樣我做了差不多十年，生意也很好，後來才買下現在的住家。在憲兵隊時，我們也需要落聯（臺語，音lòh-liân，到部隊去之意）去清泉崗、臺中港，阿兵哥要剪頭髮，我們就要去；但是員工出門去，常常留我一個人在店裡忙，我心想，既然都必須常常一個人工作，不如回家開店，既不用付租金，生活零用也比較節省。

聖誕樹 脫胎換骨成菩提

我離婚時才三十二歲，離婚後不知道為什麼就非常愛漂亮，沒有打扮得很漂亮，我是不敢出門的；每天衣服穿什麼顏色，眼影就搽什麼顏色。

在1990年時，三姊找我說要招會員，問我要加入嗎？我問她：「這是要做什麼？」她跟我說：「這是要做好事。」我聽到要做好事，就說：「好啊！當然好啊！」之後，她邀我去聽證嚴上人在新民商工的演講，我想說錢繳在那邊，我就跟她去聽聽看。師父（證嚴上人）說到一句說：「用鼓掌的雙手做環保。」我是覺得在菜市場或是路邊垃圾就很多，有時候又很臭，想想，這也是好事，那天回來我就投入去做環保，每天都收到半夜兩點多。

那時，我還沒受證，也跟著師姊們帶慈濟列車[6]；第二次帶列車時，林富卿[7]幫我借了一件藍色洋裝[8]，其他的都沒說；我不知要穿什麼鞋子，就穿了一雙高跟涼鞋，

「我實在是太愛做環保了！」林秀鳳說，沒有固定的地點做環保，她只好在住家附近找尋可利用的空地，想辦法將地上的雜草、樹枝和垃圾等清除、整理，悄悄堆放回收物。就這樣流浪了十幾年，大概搬了四個地方。（圖片／林秀鳳提供）

又揹了一個在跳韻律舞時用的桃紅色袋子。可能是太亮眼了，到花蓮（靜思）精舍，上人跟我擦身而過時，回頭看了我兩次，讓我很害怕，怕上人不讓我做慈濟。我三姊還很高興地說：「師父在看妳耶！」我是緊張得要命，她卻那麼高興。

我就這樣做環保、做慈濟，也開理髮店賺錢，很順利地，後來，在1995年受證，也同時受證榮董[9]。我的資深[10]林富卿就曾跟我說，剛看到我時就像看到一棵聖誕樹；後來她在委員培訓的推薦書上寫著：「她現在已變成一棵菩提樹了！」

有一次，林美蘭[11]和林富卿帶我去見上人，看到上人就要頂禮，上人看到我，說：「你們說的就是這一位？這位我常常看到。」我心想：「上人為什麼常常看到我？是不是我跟上人生生世世結下好緣？」上人接著說：「你們看，人家一張椅子（理髮椅），就有辦法捐榮董。」

其實，那一百萬元原來是我要買房子的，因為住家（兼店面）只有十七坪，孩子也長大了，感覺房子太小，我準備了一百萬元，想將這房子賣掉，再去買一間大一點的房子。林富卿很會寫毛筆字，她寫了很多「靜思語」[12]在慈濟列車上要跟大家結緣，其中有一句是「屋寬不如心寬」，我想一想也是這樣，就將一百萬捐出來。捐出後的存款簿只剩兩仟多元，那時小孩還在讀高中，我就從頭開始存錢。

我受證後是在第一組（舊制編制），組長是林美蘭；後來回歸社區是第六組，組長是江月霞。江月霞希望我承擔小組長，原先我怕不會做不肯答應，她告訴我：「妳的『佛心師志』[13]在哪裡？」我只好答應。承擔小組長真的很忙，我要做環保，又要剪頭髮，有勤務來，叫不到人時，自己就要去填補空缺。出門的時候，只好在門口掛上一個牌子，上面寫我什麼時候會回來。

承擔兩年小組長，我改接精進幹事[14]。精進幹事我還能勝任，如果有往生大德要助念，不用出家門就能聯絡。接了五、六年的精進組長後，廖秀畢培訓時接副精進幹事，我告訴她：「開會都給妳去，叫人我來叫。」就這樣分工合作，直到她受證，接任精進幹事。

從店門口 流浪十幾年搬四地

我白天剪頭髮，晚上去撿回收，不了解的人說：「老闆娘，妳白天也要賺，晚上也要賺。」我都會回應他一句說：「我白天時是賺世間財，我晚上是賺功德財。」就這樣的時間，大概不到一年，就有人自動撿來給我。其中范邱五妹和吳陳完兩位老菩薩，都八十幾歲了，也會撿回收來給我，我就沒有再出去撿，只負責分類。

范邱五妹和吳陳完這兩位老菩薩，做環保的時間都將近三十年。五妹老菩薩九十三歲時還在撿環保，九十四歲因生病住院，我和社區的幾位師姊都會去關懷她；出院後二女兒接她去大肚照顧，我們還是捨不得她，持續去大肚關懷，直到去年（2019年）九十六歲往生；吳陳完菩薩今年（2020年）也八十八歲了，雖然患有失智症，已不認得我們，但是我們還是一直在關心她。

那時候，回收的東西越來越多，店門口放不下，就放在對面的空地。那塊空地的四周用鐵板圍著，門沒有鎖，我都是偷放的。每次看到地主來，我就會躲起來，怕被他發現後，不讓我放。放了一段時間，還是被地主遇到，沒辦法，我就只好另外找地方放。也曾搬去附近有個破落屋[15]那裡；那裡很骯髒，十幾年都沒有人居住，有一片圍牆，我稍微打掃一下，就放在那邊。我晚上都分類到很晚，在那裡也賺了一個環保志工，叫黃梅芳，她一投入就很認真，到現在（2020年）還在做。

2007年，有人偷拍我在破落屋放置回收物的照片，傳給在臺北的地主，地主來找我，不讓我繼續放，我要租，他也不肯，我只好再另外找地方放。這樣搬來搬去，最後還是搬回住家對面的那塊空地，就這樣流浪了十幾年，大概搬了四個地方。

能捨能得 讓環保有固定的家

對面地主看我這麼愛做環保，就跟我說：「不然，我這塊地租給妳好了。」可是空地要連同搭建的鐵皮屋一起出租，我一口答應，心想：「先租再說。」

我將環保點旁的一小塊地租給我兒子停車，另外去買了一組家庭式卡拉OK，放在鐵皮屋裡，唱一首歌投幣十元，讓愛唱歌的人可以來投幣，生意也很好，大部分是我理髮店的客人。社區裡的師兄姊也會一起幫忙，像呂振安會拿廢棄需處理的回收物來讓我整理，讓我可以賣到比較高的價錢；從臺東來的李彩芳（慈濟志工）也

十坪出頭的捨得環保點雖然簡陋，卻也讓林秀鳳不必再為了做環保而四處流浪。（攝影／魏玉縣）

從流浪的環保點到固定的捨得環保點，林秀鳳說：「『捨得環保點』是經過上人認證的。」（攝影／章宏達）

來鐵皮屋整理二手回收物，幫忙分攤一些費用，直到兩、三年後她搬去臺北，我只好再買一組卡拉OK來出租。

十坪出頭的環保點是露天的，遇到下雨天，大家就穿著雨衣做回收，豔陽天則是戴起帽子，可說是風吹、日曬、雨淋，但是每個志工都還是做得很高興。柯清松看到我們這麼辛苦，於心不忍，發心加蓋屋頂，讓大家有遮風蔽雨的地方。柯師兄真是環保站的貴人，每次他來理髮，我都跟他感恩，「你真的是我生命中的貴人！」

有了屋頂讓我放回收，我就想：該為環保點取個名字吧！因為上人時常告訴我們，能「捨」就能「得」，我想，環保點可以用這個名字，就叫我小兒子幫忙打字貼上去。當天晚上睡覺，我就夢見上人來我家。我看到上人很高興，就向上人報告，說：「師父，我想將環保點取名叫『捨得環保點』。」上人一直點頭說：「好，好，好。」所以我都說，「捨得環保點」是經過上人認證的。

剛開始的時候，來做環保的志工不多，大概只有兩、三個人，後來人漸漸多了起來，社區的師兄、師姊也會來幫忙。現在固定在每週一、三、五、六做環保，每次都有六、七位會來，有些人也會陸續將回收的物品拿來這裡。

捨得環保點成立兩、三年後，謝舒亞（慈濟志工）看

捨得環保點每週固定四次環保日，每次都有六、七個人做環保。北中市一的志工每週會來載運兩次回收物到健行環保站，每次來都能載走兩車滿滿的回收物。（攝影／章宏達）

到環保點整修得很好，就幫我用寶特瓶的蓋子，在入口處的上方，貼了「捨得環保站」五個字。不過，還是應該叫做「捨得環保點」，因為這裡的回收物整理好之後，社區的師兄會開車來載去健行環保站[16]集中，再一起載去賣。可不要小看我們的這個環保點，師兄每週來載兩次，每次都有兩部車滿滿的。

尤其每到過年前，整個環保站更是堆積如山，都佔用到馬路邊了。環保志工在過年期間也會休息幾天，在家裡忙著過年，所以每年從除夕夜到年假期間，我都不敢休息，一個人加緊整理，這也是我最困擾的事情，到現在還是一樣，可是也沒辦法，因為大家都要過年啊！

我可以說一年三百六十五天都在做環保，不曾休息。只要有人告訴我哪裡有東西可以收，都覺得沒有去收很可惜，便把理髮店的生意暫時擱下，在門口掛上幾點會回來的牌子，騎著機車去載，或推著推車就去拖回來。有的客人要來理髮，看到牌子上寫的，也會很配合，但是生意還是受到影響。

還沒做慈濟以前，我店裡的生意很好，經常都有人在排隊，一個月大概有五、六萬元收入；現在因載回收或做慈濟常無預警關門，客人都說我這裡是「雨傘店」[17]，生意減少許多，每個月大概只剩下兩萬多元。但是，我愛做環保，也愛做慈濟，想當上人的好弟子，沒辦法呀！

處處有好緣 善行大家一起來

有一位蔡政松先生在忠太西路開了一間噴霧公司，他太太經常要我去載回收物，每次都載很多回來。有一次我騎機車去載時，剛好蔡先生從菲律賓回來，他看到我，就說：「師姊，妳疊得這麼高，很危險啦！」熱心地過來幫我疊上車。我跟他說：「沒關係，我載得很習慣了。」心裡就在想：「你這個人這麼熱心，我一定要度你出來做慈濟。」沒想到，不久之後，他的公司搬到

林秀鳳的理髮廳，不但幫她圓滿一個榮董，也幫忙成就了她的慈濟道業。（攝影／魏玉縣）

大墩十四街那裡，離我這裡很遠，我就沒再去了。

有一天，蔡先生和他太太突然出現了，載了一車回收物來給我，順道要我幫他剪頭髮。我一邊剪髮，一邊跟他說慈濟事，邀請他參加志工培訓。我跟他說：「師兄，我要把你賣給師父，但是需要兩張照片。」有願就有力，他似乎都準備得好好的一樣，身上竟然有照片，我就請他填完報名表貼上照片。

我從事的是男士理髮，接觸的都是男眾，林永彰就是我在幫他理髮時招募的會員。他是做皮包生意的，知道我是慈濟委員，每次我們辦義賣，他都會捐皮包義賣，並留下一句話：「妳如果沒有賣出去，不可以再送回來給我。」這給我很大的壓力，不認真賣不行。

十幾年前，有一次我們在辦社區的感恩茶會，我邀約林永彰來參加，那天晚上他就報名志工培訓了。一開始培訓，他就承擔協力隊長，因為他很熱心，很投入，又很有理念，後來接了八年的和氣隊長，現在是中區的合心關懷[18]。所以我們的環保點，無形中也成了慈濟道場，成就許多人從會員到受證成為委員或慈誠。

從流浪環保點到捨得環保點，我天天做環保，因為理髮是採預約制，沒有客人的時候，我自然而然就會去做環保，其他人則會在環保日的時間過來。固定來的幾位，像李王麗娥做二十幾年了，大愛臺來拍過她的《草根菩提》[19]，賴鑾英和黃梅芳、陳梅瓊、賴美莉師姊等都很堅持，就算身體不舒服，也一樣走出來做環保。

尤其是黃梅芳，即使颱風下雨，她也都沒缺席。有一次她打電話來請假，我問她：「為什麼？」她說，她的腳被門夾傷，腫起來無法走路。我說：「妳在家裡休息，我有空會去看妳。」沒過多久，竟然看到她拄著拐杖要來做環保，讓我好感動！

我們的環保點，有很多溫馨故事。有一次，呂振安去幫人把搬家後的東西載來環保點回收，結果，我們在裡面發現一包金飾，就趕快請呂師兄帶回去還給失主。金飾的主人對呂師兄說：「你們慈濟人撿到黃金竟然還會

林秀鳳（右）不但做環保、義剪，也是社區的手語種子。慈濟的活動，常會看到她的身影；到機構關懷時，她會帶著環保志工去演繹，連她的三個孫子也跟著去。（圖片／林秀鳳提供）

拿回來還我？既然被你們撿到，黃金就是你們的了。」意思是要捐出來。我們拿去變賣，總共有十四萬八千元，全數捐給大愛電視臺[20]，大家都很高興。

髮緣地震後 長情不間斷

走入慈濟，我總是提醒自己，要學習做到「分秒不空過，步步踏實做」，我真的是有做到了！除了做環保、義剪，我還承擔手語種子教師，（2001年）入經藏[21]時，我還承擔手語種子；到社區的機構關懷時，我也都有承擔手語，我們的環保志工會跟著我去演繹，包括我的三個孫子也都帶去。

除了到機構關懷時我會去義剪，人醫會去卓蘭或南庄義診時，我也會去義剪。陳水合[22]是南投縣中寮鄉人，也是我們的關懷個案。九二一地震[23]發生之前，他是一間熱水器工廠的主任，也有一位論及婚嫁的女朋友，他在中寮街上買了一間房子，準備要結婚了。

九二一地震的前一天晚上，他下班回來，很累，就躺在一樓的沙發上睡覺。地震發生時，房子塌了下來，就被壓到了。家裡其他人睡在樓上，都沒事；只有他在樓下，被壓到受傷，送到中國醫藥大學附設醫院。江月霞、紀淑媛、林玉鳳、蔡月女（慈濟志工）去醫院關懷他時，他都用棉被把頭矇住，不理人家。因為受傷很嚴重，他在醫院住很久，大概一、兩個月後，才漸漸接受慈濟人的關懷，出院後，就搬到現在住的地方，是他的老家。

他爸爸還在世的時候，陳水合比較好命，爸爸會幫他做任何事。他搬回中寮老家的時候，我還不認識他，都是那四個師姊在關懷。因為他住的地方是在深山裡面，有一天，紀淑媛來找我，跟我說：「有一位陳水合住在中寮，他行動不方便，妳來跟他義剪，好不好？」我說：「好啊！妳們如果要去再來邀我。」

我第一次去幫他理髮的時候，好像是隔年（2000年）的9月3日，其實這日子是陳水合告訴我的，我沒有在記。他是一個人住在老家，我跟他說：「水合師兄，以後你這個頭（髮），我就跟你包了喔！」他跟我點頭說：「好。」就一直到現在。後來，只要師姊她們去關懷他就會邀我，我也會去，我是「基本跤（臺語，音kha，意即基本成員）」。基本跤還有煮飯的、負責開車的、看個案的，有時候是紀淑媛，有時是江月霞，我負責剪頭髮。大概隔一、兩個月就會去一次，後來，連他的弟弟和媽媽的頭髮都是我在剪。

他的媽媽是三十五年次的，也有七十幾歲了，他的弟弟沒有結婚，本來跟媽媽住在一起，離陳水合住的地方，走路大概要五分鐘，今年（2020年）端午節前，突然在睡夢中往生了。陳水合雖然坐輪椅，可是家裡有什麼事情，都還是他在處理，弟弟往生後，更是如此。陳水合住回中寮老家時，本來沒有領慈濟的濟助金，我們就只是去關懷他而已。現在因為長期坐輪椅，身體不好，大概一個月都要去街上看一次醫生，每次來回的計程車錢就要兩仟元。從今年（2020年）一月開始，就每個月給他五仟元濟助金，不然，光是靠領殘障津貼，大概不夠用。

其實，剛開始的時候，陳水合每個月都還會捐五佰元給慈濟，每次我們去看他，他都還會依人數捐錢，一個人一佰元，假如我們有五個人去，他就會多捐五佰元。現在，除了固定的捐款，我們就不要他再這樣捐了，畢竟，他現在很需要錢。他很喜歡有人去找他聊天，只要有人去，他就會拍照片貼在他家的客廳牆壁，你現在去看，牆壁上貼得滿滿的，都是照片。我們每次去，都會帶吃的東西當午餐，陪他一起吃飯、聊天才回臺中，他也都很高興。

如果颱風來，或是有稍微的地震，我都會打電話問他：「有沒有怎樣？」他接到我的電話都很高興，有時一聊就是一個小時。他的年紀比我小很多，九二一地震時是三十五歲，現在也已經五十多歲了，他就像我的弟弟一樣，很有話聊。二十年了，就因為當初告訴他：「你的頭（髮），我跟你包了喔！」我每一、兩個月就會去幫他剪頭髮，這分緣就一直延續到現在。

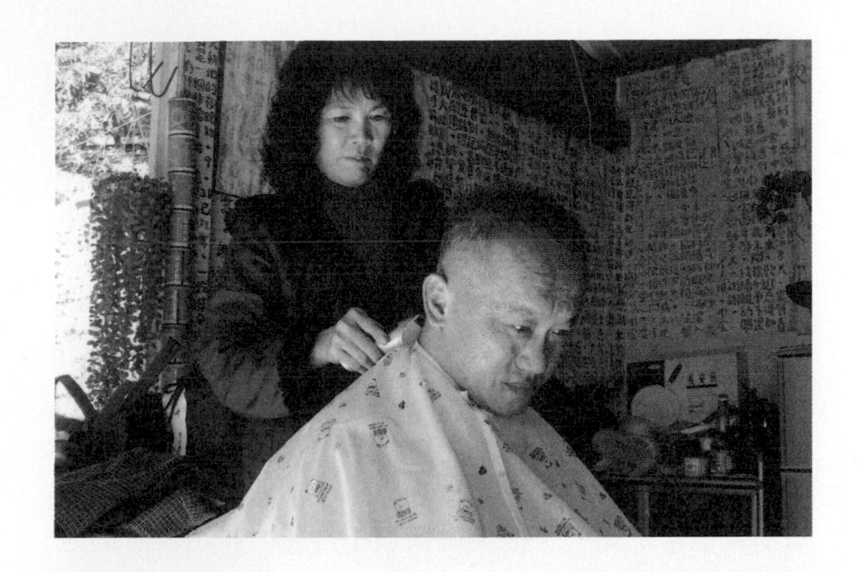

九二一地震（1999年）後，林秀鳳每隔一、兩個月就到南投縣中寮鄉山區，為因地震受傷，終日以輪椅代步的陳水合理髮，二十年來，結下不斷的髮緣，也建立深厚的姊弟情感。（圖片／林秀鳳提供）

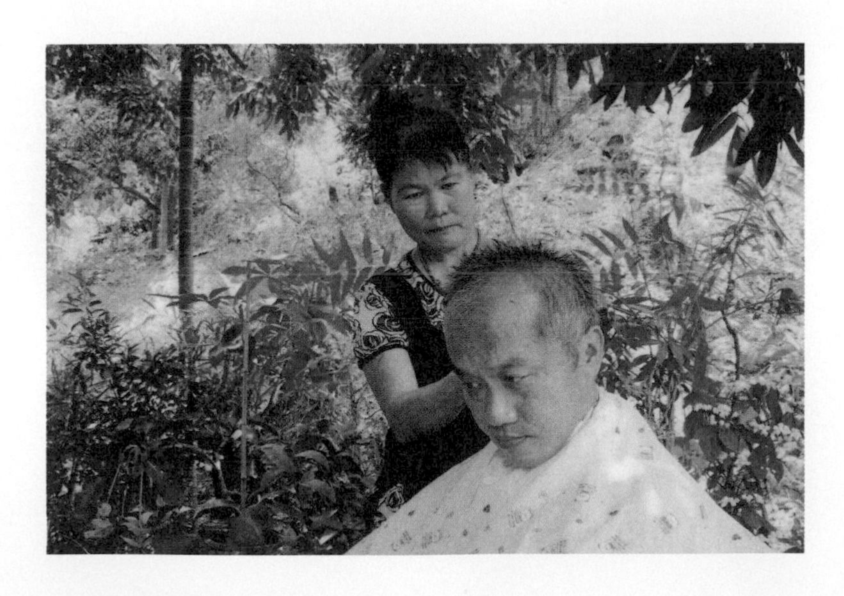

大愛電視臺在幫他拍《大愛劇場》的時候，有一集的《大愛會客室》[24]，陳水合堅持要我去。我在節目中說：「在我的心目中，他是一個生命的勇者。」他即使坐在輪椅上，還能整理一大片的花園，生活中的每件事，都是自己做，不用靠別人，真的讓我很佩服！

師父（證嚴上人）希望我們，方便的人要去服務不方便的人，何況，在他身上，真的是讓我「見苦知福」。最近一次去幫他剪頭髮，是在（2020年）8月9日，我看他的冰箱空空的，心裡也是感觸很深。他不喝水，因為喝水要經常上廁所；他坐輪椅很不方便，我也沒看過他吃水果，所以現在很瘦。我都交代跟我一起去的人，要自己帶水，那裡沒有開水可以喝，我也都自己帶。

入慈濟放大心量 不要懲罰自己

加入慈濟後，我一直聽上人講：「不要拿別人的過錯，來懲罰自己。」「要把自己的心量放大。」離婚後，他（前夫）再婚時，來問我要不要去給他請客，我說：「你如果邀請我，我會去，還會包紅包給你。」後來他們結婚時沒有請客，所以我也就沒有去。

離婚三十年後，小兒子結婚，我邀請他（前夫）來參加兒子婚禮，還讓他坐大位（臺語，意即主位），連親家都對我讚歎說：「親家母，妳的心量真大，離婚那麼久了，還給他坐大位！」我說：「他是孩子的爸爸，也有血緣關係，而且，我是上人的弟子，就要聽上人的話！」

後來，他罹癌生病了，2010年慈濟全球人醫年會[25]在花蓮靜思堂舉行，我在前往花蓮承擔八日香積志工前，聽說他病危，就先幫他向慈濟申請往生被[26]，告訴孩子放在哪裡，必要時可以用。回到花蓮的第一天晚上，大概九點多的時候，就接到兒子來電，說：「爸爸走了。」我叫兒子把往生被拿去他那裡，告訴兒子說：「我明天會請社區的師兄、師姊過去幫忙助念。」告別式時，我也邀請師兄、師姊去參加公祭。

年輕做到老 三十不挫繼續做

我承擔環保幹事到今年（2020年）也有六年了，更早以前的組長也一直要我接環保幹事，我推了兩年，後來江月霞再接和氣組長，她還是要我承擔環保幹事。如果遇到江月霞，我就沒辦法推辭，因為她實在是一個非常精進的師姊。

我很珍惜跟慈濟，還有跟上人的緣分。在大愛電視臺聽到上人開示時說，他出門行腳前要學走路，說話時要很出力，我看了很不捨。我很早以前就說：「師父啊！您的身體要勇（臺語，要健康之意）起來，我願意捐十

捨得環保點雖小，卻有大哉用，不但做環保，也是修行的人間道場，許多人一做就是二、三十年不間斷，總想為地球盡一分心力（右三為林秀鳳）。（攝影／章宏達）

年的壽命給您。」有一位廖師兄說：「哇！妳捐十年的壽命給師父，師父如果用妳這十年，那妳的功德就很大。」我說：「我也沒想太多，只要上人身體健康就好。我的人生這麼苦，又不是什麼，就趕快回去（意指，往生），將我的壽命捐給師父。」

曾經有人問我，做環保又髒又臭，很辛苦，為何三十年來都能不退轉？我都這樣回答：「因為我愛上人，想做師父要我們做的事。」做環保，不但可以保護地球減少汙染，做地球的貴人，更可以找到自己生命的價值。

我今年七十多歲了，還在做環保，是「老有所用」。

我常常發願：「生生世世跟著師父的腳步走，做環保，做到最後一口氣！」有一天晚上，我去參加社區讀書會回來，因為太累，就直接躺在床上睡著了。半夜突然醒來，想到：「我還沒去載回收！」就趕快跳起來，推著推車到西屯路去，那時候已經是凌晨兩點多了。

附近的人會把回收物放在固定的地方，我每天晚上都一定要去收，每次都把推車疊得高高地載回來，我一直把這件事當成很重要的事在做。我也曾跟黃梅芳說：「說不定妳會在環保站看到我倒在這裡。」因為有時會暈眩或有病痛時，就胡思亂想，我告訴她：「如果我倒下去，妳不要太傷心，換妳要來承擔。」她當然不肯，因為捨不得我這樣。

環保做了三十年，希望大家都能來做環保，有正確的環保概念，不要讓環保志工這麼辛苦。如果見到回收物比較少時，我都會鼓勵環保志工：「現在地球比較乾淨了，人們會比較節省了，比較不會亂買、亂丟，這也是我們做環保的目的啊！」

---

1 臺中市東勢區石城國民小學於1968年（民國57年）九年國民教育實施之前，名為「石城國民學校」，該校於1918年3月即已設立，當時名為「石圍牆公學校」。資料來源：臺中市東勢區石城國民小學網站https://sches.tc.edu.tw/（2020年8月24日檢索）

2　臺中市東勢區明正國小創立於（1952年）民國41年9月，原為石城國民學校明正分班，班址位於明正里集會所內。資料來源：臺中市東勢區明正國民小學網站https://sches.tc.edu.tw/（2020年8月24日檢索）

3　西裝頭：和西裝一樣由西方傳過來的髮型，配合穿西裝故稱西裝頭。https://reurl.cc/EzXxGR（2020年8月10日檢索）

4　1947年（民國36年）時，臺灣省政府組織中設有民政廳地政局，負責土地行政之指導監督等事務。1979年5月，省府通過地政局升格，8月正式改稱地政處。資料來源：臺灣省政府地政處檔案https://reurl.cc/Q34Ga2（2020年9月18日檢索）

5　臺灣省政府於1956年（民國45年）從臺北遷移到中興新村辦公室，所屬機關也從臺北市搬遷到臺中市辦公，為了安置員工及眷屬的居住問題，由臺灣省政府社會處選定南屯區黎明路二段西側的土地，以集合式社區形式來規劃與建員工住宅，1975年興建完成，命名「黎明新村」。資料來源：臺中市社區營造推動網https://reurl.cc/9X1enx（2020年9月16日檢索）黎明辦公區1976年開始興建，於1978年完工。辦公區主要單位有省政府水利局、地政處及環保處。

6　慈濟列車產生的緣由， 1989年慈濟護專創校開學典禮暨慈院三周年慶，為了紓解超過兩萬的觀禮人潮，負責的委員於事前向鐵路局提出專案申請，在鐵路局正常的發車時刻外，額外加開列車載送慈濟人前往觀禮。當時因為車上所搭載的全是前來觀禮的慈濟人，因此稱為「慈濟列車」。在該次慶典結束後，為了讓更多會員能有機會且順利地來到花蓮參訪精舍及慈濟醫院、靜思堂、醫學院、護專，便陸續依規定向鐵路局申請。資料來源：慈濟語彙網站https://reurl.cc/j5leqq （2020年8月10日檢索）

7　林富卿，今（2020）年七十六歲，是家中十位兄弟姊妹中的老么，擅長書法、繪畫，她當火車站站長的父親，四十六歲才生她，既疼她，又怕她跑出去外面玩，所以很小就教她學寫書法，養成靜心書寫的習慣。 初中畢業之後，在臺汽當過車掌，也曾經在公家單位擔任行政工作，透過媒妁之言，認識在中油上班的另一半，婚後生下二女、一子，全家現在有五位老師。曾經，寫書法只是林富卿打發時間，靜心養氣的休閒方式，二十多年前，她加入慈濟成為委員，往返花蓮的火車上，用簽字筆把證嚴上人的「靜思語」寫在海報紙上，送給分享心得的會員。資料來源：臺灣新聞網https://reurl.cc/LdAoxe（2020年9月22日檢索）

8　早期參加培訓委員穿著的藍色洋裝，腰間繫有腰帶。

9　榮董：慈濟榮譽董事簡稱「榮董」。緣起於1986年8月16日，慈濟醫院開幕前一天，證嚴上人為感恩捐款滿百萬元臺幣贊助建院的大德們出錢成就慈濟志業，特地頒發慈濟榮譽董事聘書。目前擔任榮董的條件，是凡一年內捐款滿臺幣一百萬元者，由佛教慈濟基金會聘任為永久榮譽董事，簡稱為「榮董」。榮董，只關懷慈濟的發展，但不參與行政事務。資料來源：慈濟基金會網站https://reurl.cc/n07M7v（2020年8月31日檢索）

10　慈濟人常說的「資深」，是從「母親帶小雞」的意旨演變而來，其深層意涵就是「人帶人」的藝術。《慈濟月刊》474期，https://reurl.cc/7oRqDk（2020年8月10日檢索）

11　林美蘭，慈濟志工，大愛劇場《路長情更長》即是述說她人生的故事，身為長女，從小承擔很多的家事，又要照顧弟妹，分擔家計，為父母解勞。她分享成長的過程為許多同樣遭遇的人，化解生命中的難解。資料來源：慈濟全球資訊網https://reurl.cc/XkEr3j（2020年9月22日檢索）

12　1989年9月17為慶祝慈濟護專創校開學暨慈濟醫院創辦三周年，由慈濟榮董何國慶及文化界大德高信疆等人將語錄依內容分類編纂成書的《證嚴法師靜思語》一書正式發行，此書為非賣品。1989年10月7日在洪素貞與多位工作人員經過半年多的努力，從慈濟功德會出版書籍細心的採擷上人的精妙法語，由高信疆先生編輯成冊，定名「靜思語」。資料來源：證嚴法師法音集網站https://reurl.cc/q8L6OR（2020年9月22日檢索）

13 佛心師志：每一位要皈依的弟子，證嚴上人總是給他們一句話：「以佛心為己心，以師志為己志」。佛心，就是大慈悲心；師志，就是人間菩薩的實踐。佛心人人都有，但是有的人學佛，只學到利益自己、獨善其身。真正的佛心，是要為人群付出愛心。看到他人有困苦，心裡很同情，就是愛心，也是佛性；但是否人人都願意進一步去付出呢？有愛心就必須用行動表達出來，才能利益群眾。資料來源：《慈濟月刊》389期〈燈燈相續〉https://reurl.cc/r854zx（2020年9月22日檢索）

14 精進幹事，為慈濟功能組的一種，負責聯繫往生助念、初一十五拜佛共修、學佛行儀等事宜。

15 破落屋：林秀鳳自己取的名，亦即沒有人居住的破爛地方。

16 健行環保站：在2015年2月成立，位於健行路1030號，隱身在一排透天店面中。

17 林秀鳳說明她的理髮店有的客人是電話預約，有的是人直接來現場。電話預約的人，會遇到秀鳳師姊不在家；直接到店裡來的客人，也會剛好遇到秀鳳師姊外出，所以說是雨傘店。意即如晴天收傘，雨天開傘，時開時關，沒有在看日子。

18 合心、和氣、互愛、協力：為慈濟組織架構名稱，2003年，慈濟經過三十多年的發展，成員人數快速增加，有感於整體運作上仍有再調整的空間，證嚴上人提出了新的組織架構——立體琉璃同心圓、四門四法四合一。四合一的組織架構，打破了原本以組長、隊長為主導的模式，期待慈濟人在和氣互愛的互動中，人人都能合心傳承慈濟精神與法髓，人人都能協力付出大愛、攜手同行菩薩道。資料來源：《證嚴法師菩提心要》慈濟的故事（四十六）——深入鄰里 琉璃同心 https://reurl.cc/bR5OR6 （2020年8月19日檢索）

19 《草根菩提》節目製作的緣起，是記錄日日夜夜，在垃圾堆中翻找、整理、回收的志工生命悲喜曲。回收一張紙，想見一片森林……他們的草根臉譜與作為，就似有情菩提樹，成就大地欣榮。資料來源：大愛電視網站 https://reurl.cc/8njmlX （2020年8月10日檢索）

20 大愛電視，1998年元旦，大愛電視臺開播，成為臺灣傳播史上，第一個由民間非營利事業組織所成立的電視臺，上人獨排眾議，堅持淨化人心的初衷，二十年來始終如一。資料來源：大愛電視網站https://reurl.cc/avVy1X （2020年8月31日檢索）

21 入經藏：2011年，慈濟水懺演繹帶動全臺灣數萬名志工與會眾入法。每場動員成千上萬人的法會，以綜合表演形式演繹佛教經藏《慈悲三昧水懺》。

22 陳水合：南投縣中寮鄉人，九二一地震時被坍塌的樓板壓傷脊椎，致下半身癱瘓。慈濟人前往醫院關懷，從此成了慈濟的個案，他的故事曾由大愛電視臺編製成《大愛劇場》〈生命花園〉。

23 依據中央氣象局公布「921大地震」為芮氏規模7.3，震源深度8公里，震央位於北緯23.85度、東經120.82度（註），也就是南投縣集集鎮附近，故又稱「集集大地震」。此次地震釋出的總能量相當於三十顆廣島原子彈威力，全臺灣均感受到嚴重搖晃，共持續102秒，造成2,415人死亡、11,305人受傷、失蹤29人、房屋毀損全倒51,711棟與半倒53,768棟。資料來源：慈濟全球資訊網九二一專題https://www.tzuchi.org.tw（2020年9月22日檢索）

24 《大愛會客室》：為「大愛劇場」的幕後訪談節目，分享幕前表演藝術家的演繹心得與心靈收穫、幕後工作人員的工作點滴，與真實人物的人生智慧，短短十分鐘，讓觀眾在大愛劇場之後，能省思以往，傳達人間美善。資料來源：大愛電視臺網站https://www.daai.tv/program/P0014 （2020年8月31日檢索）

25 慈濟全球人醫年會：1998年成立的「國際慈濟人醫會」(Tzu Chi International Medical Association)，簡稱TIMA，由一群願為社會付出愛心的醫事人員所組成，每逢中秋佳節，國際慈濟人醫年會成員從海外匯聚臺灣花蓮，各國人醫彼此進行醫學研討交流，也是與證嚴法師相約團圓的日子。資料來源：慈濟全球資訊網「人醫之愛 年會相約在中秋」http://www.tzuchi.org.tw（檢索日期2020年8月24日）

26 往生被：陀羅尼被又名往生被，集諸佛密咒，以梵文或藏文書於布帛，猶似一部《藏經》，倘經加持，其效力更不可思議。 李炳南老居士曾言：「此被或由藏地傳入，但知於前清時代，二品以上王公大臣命終之後，由朝廷敕賜，而普通官民不得擅用，今則無禁矣！」陀羅尼被受重視之程度可以想見。陀羅尼之真實境界，字字句句皆諸佛無相法身，唯佛與佛能知，然其威神力，則可普被眾生。資料來源：隨意窩網站學佛釋疑免費結緣區https://reurl.cc/yg73XD（2020年8月31日檢索）

「做」出自己的幸福人生

李前英訪談紀錄

唯有佛法才是唯一生存的力量；只有誠、正、信、實才能安心過好日子。

——李前英

◎訪談：林淑懷
◎記錄：林淑懷、曾千瑜
◎日期・地點：2020年7月3日・慈濟東勢共修處
2020年7月16日・慈濟東勢共修處
2020年8月6日・電訪

【簡歷】

李前英1953年（民國42年）出生於苗栗縣南庄鄉，有六個兄弟姊妹，三個男生、三個女生。七歲（六足歲）讀南庄鄉南埔國民小學，十三歲畢業。十六歲到基隆李長榮木業工廠上班。十八歲與曾添華結婚，育有二男一女。1984年，由於東勢中科「圓通精舍」上清下源法師的因緣認識慈濟。1990年8月23日因東勢委員江魏滿的接引，前往臺中新民商工聆聽吳尊賢基金會舉辦的證嚴上人「幸福人生」講座後，開始在家做環保。1991年參加東勢高工吳尊賢基金會的「幸福人生」講座後，加入幕後收善款。1999年報名慈濟委員培訓，2000年1月15日受證慈濟委員，同時承擔東勢區環保幹事一職。5月成立東勢第一個環保站，命名為「上城環保站」。2002年4月1 日成立泰昌環保站。

1953年（民國42年）我出生在苗栗縣南庄鄉，我有六個兄弟姊妹，三個男生、三個女生；大哥六歲往生，所以我二哥變成我的大哥，三哥變成小哥，我們都以大哥、小哥稱呼。

回憶童年 歷歷皆辛苦

早期南庄煤炭[1]是世界有名，爸爸是那裡的炭礦夫（臺語，音thuànn-khòng-hu，在炭礦工作的人），專門疊（臺語，音thah，堆聚、累積成一層一層之意）煤炭到小車子上，然後再推出來，他也是採媒礦的工人。那時候爸爸是為了家庭經濟，因為這樣薪水多，我們生活就能固定。後來，媽媽說出來我們才知道，爸爸每天從家裡帶飯包去，中午用餐時間，大家都坐在礦坑裡面吃飯，那一天他坐的位置上面剛好落磐[2]，他被壓到，就往生了，我兩歲時沒有了爸爸。

媽媽一個女人要耕作三七五減租[3]的農田，還要教養我們五個孩子長大，那時候家庭環境不好，小妹還在吃母奶，必須留在媽媽身邊，我兩歲就被送到外婆家；我在外婆家住到七歲，滿六足歲（1960年）要讀國民小學一年級，才回到媽媽身邊，所以小時候，我很少跟媽媽住在一起。

我們家兄弟姊妹讀書，只要放寒暑假，都得幫媽媽的忙，我也是一樣，讀小學時沒辦法天天去上學，有時要跟著媽媽去幫人家採茶，採茶論斤計酬，經常用淚水與汗水換金錢。我讀三年級的時候，在學校被抬風琴的男同學撞到，手斷了。四、五十年代，醫療沒那麼發達，交通也不方便，光從家裡苗栗縣南庄鄉員林村，走到南埔國民小學就要四十分鐘，再從學校到接骨師那裡還要半個小時，幾乎耗去我讀書的時間，只好休學將近一個學期。

大哥國小畢業，經鄰居介紹到臺北學習做油漆當學徒，小哥初中畢業也跟著去，兄弟在一起有個照應，不幸小哥因車禍往生。姊姊也經人介紹到臺北幫傭，家裡剩下媽媽、我和小妹。我十三歲南庄鄉南埔國民小學畢業後的那一年（1966年），媽媽用身邊僅有的積蓄，到東勢鎮和平鄉買了房子和香蕉園，全家搬到和平鄉白冷[4]（現為臺中市和平區天輪里）種植香蕉。我回到外婆家住到十六歲，十六歲那一年（1969年），我表哥帶我到基隆李長榮木業工廠[5]做女工，我工作中意外受傷，小腿縫了一、二十針，我回家裡養傷，驚嚇到不敢再去那家公司工作。

婚後打拚 三餐吃飽就滿足

回到和平鄉天輪村白冷，那時候媽媽做蕉園，我就在

李前英於2000年1月15日受證為慈濟委員後，承擔環保幹事已經二十年，每天進出東勢泰昌環保站顧前顧後，還時常補位協助分類回收物。（攝影／徐振富）

家裡工作，可是我就想要到外面做，媽媽說除非妳每天把果園、香蕉園的草通通除完才可以出去，因為想說不要在家裡，要出去，我就拚拚拚，結果盲腸發炎，必須開刀手術；之後又回來家裡養傷，沒有因緣再去工廠工作。

那一年（1969年9月27日）中秋節因為颱風[6]，出去看災情，無意中遇上曾添華，他妹妹曾玉蘭跟我是好朋友，都是住在白冷。他家有十一個兄弟姊妹，七個男生、四個女生，他排行第五。他爸爸年輕的時候，帶著全家大小到花蓮工作，他大哥二十二歲做大卡車的捆工工作，不慎從車上摔下來往生。他爸爸長年胃痛，家裡沒錢繼續醫治，1958年往生，一家人才又從花蓮玉里搬回和平白冷。

1970年曾添華透過妹妹，說要跟我做朋友，我們認識後不常見面，不算談戀愛，他急著要結婚，也是因為我婆婆的關係。婆婆一直說她身體不好，要他趕快結婚生個兒子；婆婆是招贅的，希望要有孩子跟她姓，也要過房。所以他請了三位媒婆來說親，我媽媽說：「那妳走不掉了。」意思是對方那麼誠意要這門親事，很難拒絕。

我們在1971年結婚，曾添華二十七歲、我十八歲，因為老一輩的人說，男生不要二十九歲結婚，女孩子也不要十九歲結婚，逢九都不好。他二哥笑我們說：「你們兩個坐噴射機。」意思是閃電結婚。

其實十八歲，我還傻傻的，什麼也不懂，不知道哪輩子欠他的，這輩子要跟他結婚。說實在的，很多事情媽媽沒有教我，她為了一家要討生活，根本沒有時間管那麼多。再說，以前的小孩很單純，也不會為自己學什麼技能，只要三餐能吃飽就滿足了，也不會叛逆，也不懂什麼叫叛逆，沒有牽掛地一天過一天。

我們結婚的時候，先生做膠袋，是把樹苗種在裡面的袋子，也做林務局梨山的工作，林務局發包工程，由他二哥標工作，先生跟我小叔三兄弟一起打拚，砍草、種樹、種竹子、造林等，這方面的工作，他們可以說駕輕就熟，還到東南部請工人到山上工作，薪資便宜，供他們吃住，也好管理。

我結婚後，隔年（1972年）十九歲生大兒子，二十歲生女兒，二十二歲生小兒子，三個孩子接連出生，除了家務、帶孩子，婆婆幫我看孩子，先生做什麼工作，我要跟著先生去工作，就是嫁夫隨夫。1980年為了三個孩子陸續讀小學，我們從和平鄉南勢村搬到東勢鎮上城里租房子。孩子平時由婆婆照顧，我跟著先生到梨山工作，工地在哪裡，人就到哪裡，經常鐵皮屋蓋一蓋、釘一釘，木板鋪一鋪，晚上就住在工寮，兩、三天，有時候五天、一個星期才回家一次。

先生很有才華，頭腦相當好，什麼工作都難不倒他，而且人老實、講求信用，不只做公家機構的工作，連一般私人的工程，他也不會偷工減料，只要工作標到他手上，就是虧本也要做到好。這樣就是會虧很多錢，虧很多錢的時候，我們就用甲種支票開出去，跟人家換現金來周轉，然後就這樣一直周轉。

清源法師　為慈濟蓋醫院而募款

先生在梨山的工作，到了1984年越做越不順。我小叔離婚，他經常喝酒，無法照顧小孩，他的兩個孩子也

李前英好不容易說服先生曾添華，第一次搭乘慈濟列車參訪花蓮慈濟。（圖片／李前英提供）

要我幫忙照顧，我自己生三個孩子，先生愛賭博，常常在梨山工作不回來，為了生活，我去找工作。

那個時候也是十大建設[7]經濟起飛後，許多客廳兼工廠。1985年初，我在東勢找到建興鞋廠，我去建興鞋子工廠上班，鞋廠就是兩兄弟經營，一個是建興，一個是光南。鞋子都是計件論酬，做一件，一雙鞋子只有兩毛錢、三毛錢，我去拼經濟是一般普通工，去打臨時工一天是三百五十元，我一個月至少拚到一萬五千元，甚至兩萬多我也拚，我就是這樣子拚。我在工廠很認真，不敢偷懶，每天做到晚上十點才下班回家、洗好澡，還得把隔天全家人的早餐、衣服打理好，十一點多上床睡覺，明天起床又是新的一天。

我婆婆的身體一直起起落落，看醫生也找不出病因，後來求神拜佛，說是她往生的大兒子回來捉弄她；我大伯在花蓮往生，葬在花蓮，神明要我們去幫他撿骨帶回來，不然都是拜空的。我婆婆的妹妹有學佛，她說，妳去花蓮要花錢，做風水也要花很多錢，就請地藏王菩薩把他的靈魂帶回來。我婆婆說：「這件事情妳去處理，找哪間佛寺都好。」

我要上班時間有限，就直接在東勢附近中嵙圓通精舍[8]，請教上清下源法師；法師很慈悲告訴我說：「這裡沒有放靈骨塔，我們這裡有放蓮位。」我請教法師說：「那放蓮位需要多少費用？」他說：「兩萬。」

我回家告訴婆婆，婆婆說：「妳二哥出五千，小叔出五千，妳付一萬。」先生雖然有七個兄弟，他排行第五，可是他前面的大哥、三哥、四哥都來不及長大就往生了，後面一個弟弟也過繼給別人，所以剩下三兄弟。事情從頭到尾我去接洽，我又在鞋廠工作，計件論籌薪水多，就答應婆婆，我說：「能夠讓您身體健康，事情圓滿，我出一萬沒關係。」錢的事解決了，大伯也靈安。

認識清源法師，清源法師告訴我：「請人家哭沒有眼淚，要自己來唸佛。」他希望我能每星期一和星期五晚上到精舍參加共修，時間七點半到八點念佛，八點到八點半師父開示，因為要讓婆婆平安，我就去了，婆婆的身體確實也慢慢恢復。

清源法師開示時說：「大家若是不影響生活、吃飯的話，一個月五十元、一百元，可以劃撥到花蓮，花蓮有一位師父要蓋一家屬於我們佛教的醫院；基督教有基督教的學校、基督教的醫院，天主教也有，只有我們佛教沒有，我們佛教只有無名氏。這位師父很慈悲，他要蓋屬於我們佛教的醫院。」法師介紹慈濟，還親自將花蓮地址和劃撥帳號寫給我，第二天我就用先生的名字，到郵局劃撥一百五十元，第一個月劃撥，第二個月就收到《慈濟道侶半月刊》[9]；那時候我很會賺錢，持續捐半年多，因為這樣，我認識了慈濟。

嫁夫隨夫 粗重一起擔

捐了半年多之後，因為五個孩子的生活費、教育費，都要我自己打理，先生可以說是沒有錢拿回來，我小叔的女兒跟我說：「阿妹（伯母），是不是可以給我一百塊零用錢？」既然她要有，其他的孩子也要有，所以一個禮拜要五百塊的零用錢給孩子；那時覺得日子實在很苦，我就想：「算了，不要捐了。」

夜靜時，我自己一個人，先生不在家，都在梨山，我就思考，為什麼賺那麼多錢，也是橐袋仔（臺語，音lak-tē-á，口袋）空空？為什麼做那麼多，還是沒有錢好用？為什麼一直都是不夠用？每次想到這裡……好啦！不要管它啦！

之前劃撥過去花蓮，花蓮會寄《慈濟道侶》半月刊小小張的，我就是看這個，看了我就說以後我也要參加這個團體，我不知道這個就是發願，裡面有很多誰捐五十、誰捐一百、誰捐兩百，這些錢都幫助什麼人，寫得一清二楚。後來，又想自己沒有教育程度、沒有社會背景、沒有經濟能力，談何容易？不要想了，就這樣戇戇矣（臺語，音gōng-gōng-ah，意思是傻傻的）過。

1986年建興鞋廠搬遷大陸，我工作沒了，又回歸家庭，先生林務局工程也沒做了，因為欠銀行、欠工程款，很多債務周轉不靈。我們開小貨車到大甲溪採砂石，賣給建設公司蓋房子，又到橫流溪載大石頭去填補臺中港的北堤和南堤，因為海水鹹，橫流溪的石頭硬，不容易腐蝕，才需要用那裡的石頭，後來沒石頭載了，我們就回來做工程，前後也做了五、六年。

先生又回到梨山標工程，幫果農鋪一米半寬的水泥路，全是用手工在鋪，非常地辛苦，我也是跟著這樣做。梨山果農施肥、採收水果都要靠人力，而且那時候果農種的水果賣得很好，他們都用搬運車。補了水泥，路堅固了，變得很好走，果農搬運蔬果更方便。孔固力（日本外來語コンクリート，音konkurīto，意指水泥）做了一陣子以後，又回到做工程，有公路段的工程、鄉公所的工程、土木工程、林務局的擋土牆，相關的工程我們通通做。

有谷關明隧道[10]、大雪山二〇一線的工程，還有很多工程，經過九二一大地震都還很好沒有倒掉。林務局要頒一個「模範工程」獎勵我先生，他拒絕了，他認為工作做好是應該的，因此婉拒。這可以證明我先生所做的工程，沒有偷工減料，才會虧本。

雙手做環保 點滴累積心充實

東勢慈濟委員江魏滿，大家都叫她江媽媽，1989年輾轉從社區雜貨店老闆娘口中得知，我曾經劃撥善款到花蓮幫助蓋醫院的事，於是她(指江魏滿)到我家三次邀我加入慈濟會員，三次都被我轟出去，我說我不要，我也怕被騙。

1990年8月23日，江魏滿邀我去新民商工聽證嚴法師的「幸福人生」講座，我雖然沒加入江媽媽的會員，但是兩人已經認識，就答應去。我平時除了工作很少外出，也很想藉機會出去透透氣，讓自己放鬆一下心情；江媽媽那麼誠意，我就想去聽看看到底講些什麼。去到現場，我看到師父那麼年輕，身材那麼瘦弱，他鼓勵大家「用鼓掌的雙手做環保」。

我覺得我經濟不好必須工作，於是我開始工作之餘做環保，我從我家附近三十幾戶人家，丟出來的垃圾中收集分類，再用推車載去賣給回收商，把每次賣的錢投入竹筒，等到年底，一次送到臺中民權路臺中分會財務繳交，每一次大約八千到一萬元不等，雖然點點滴滴，不

李前英必須隨著先生的工程到處走，不只人手不足要工作，甚至餐食都得要她一個人放下工作，於工地張羅。（圖片／李前英提供）

一張薄薄的《慈濟道侶》卻能解李前英心裡的苦，還帶給她正能量。（圖片／李前英提供）

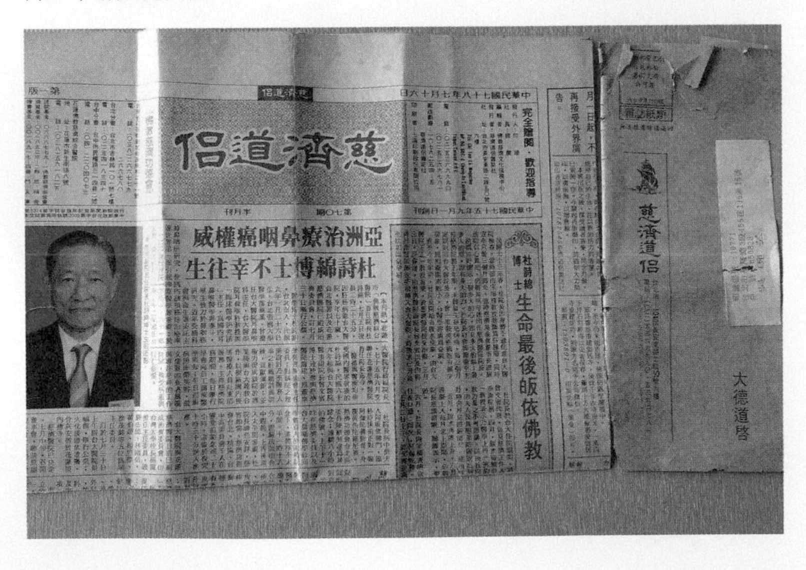

慈濟道侶

亞洲治療鼻咽癌權威

杜詩綿博士不幸往生

杜詩綿博士生命最後皈依佛教

過，我內心覺得很充實。

我送去回收商的紙板一公斤五毛錢，曾老闆不跟我買，還說：「妳乾脆直接跟我說，妳要多少錢我給妳，請妳不要再推來了。因為妳推紙板來，我還要處理，處理我沒有錢賺，一公斤五毛錢我要賺什麼？給妳載一臺車兩噸好了，我能賺多少錢也有限。」他以為我是靠回收過生活。

我跟老闆解釋，我不是為了錢，是為了要救地球，保護森林少砍樹，因為五十公斤的紙，需要一棵二十年的大樹來製造；那一棵樹，等於我們的孩子，養到二十歲就要被砍，而且才做五十公斤的紙。大家不珍惜，要這樣丟很浪費，我看到當然要撿起來啊！曾老闆聽完說：「那你們慈濟真的是走在前面。」

我說：「老闆，你沒有時間跟我們一起做志工，也可以布施啊！」他問：「怎麼布施？」我說：「捐錢。」他問：「要捐多少？」我告訴他：「只要誠心誠意，一百塊也是做功德，就像我們現在去幫助需要的人一樣。」他說：「那我捐五百。」就這樣，古物商曾老闆，成為我們慈濟的長期會員。

補厝空一人擔 追求幸福人生

我先生工作不順，又嗜好賭博、喝酒、抽菸、帶女人，所以欠了很多債，到1990年到處借錢周轉。我為了養家和教育孩子，在經濟最困頓的時候，他開甲種支票，跟朋友換現金周轉，周轉不過，加上自己花費不儉省，被上千萬的債務壓到喘不過來。

1991年我看到東勢鎮東勢高級工業學校門口插「吳尊賢基金會幸福人生講座」的旗子，很想再去聽。因為第一次跟江媽媽去新民商工聽的時候，師父鼓勵大家做環保，這一次不是師父要來，而是洪武正師兄、李錦源師兄、林美蘭師姊三位，不知他們要講什麼？當時，我先生外遇讓我很無助，不知道該怎麼辦？也不敢找人講，怕讓娘家媽媽擔心，就是去聽看看，看到底「幸福的人生」是怎樣子？

洪武正師兄、李錦源師兄、林美蘭師姊好幾位來心得分享。洪武正師兄分享他的心路歷程，做壞事要跑給警察追，所以天天練晨跑；李錦源師兄分享浴火重生；林美蘭師姊分享不要小看自己……聽了他們分享親身經歷，怎麼走進慈濟、怎麼改變人生觀，我被他們感動了，聽完了我去找江魏滿師姊，我跟她說：「我要加入慈濟！」我也將每個月的功德款，繼續繳交到江媽媽那裡，江媽媽還邀我一起去看個案。

看個案從雲林、嘉義、彰化、臺中、東勢等地都去，其中兩個個案，我到現在都還記得。這兩個個案，都是我們東勢鎮的居民，一個住在東勢鎮石城里「鼎底窩

李前英（左）說，若不是人人口中的江媽媽（江魏滿）鍥而不捨的鼓勵和提醒，每天光賺錢還債都來不及，哪還有時間做志工。（圖片／李前英提供）

李前英（左）一個人從住家開始做環保，進而到社區，每個月還固定到東勢高工回收舊報紙和書籍。（圖片／李前英提供）

（地名）」的阿溝伯；另一個在東勢鎮下城里的阿城伯，我們去幫這兩個阿伯打掃家裡的環境。

鼎底窩阿溝伯，他沒有結婚，平時沒有人照顧他，長期睡床，睡到褥瘡，雖然身邊有一點積蓄，自己也沒辦法去購物。他的錢都寄放在弟弟那裡，由弟媳婦管理，可是生病時，甚少有人關心他的生活起居。

我記得很清楚，我們要去幫他打掃的時候，屋子裡面很多蟑螂、老鼠都跟他住在一起。看到他弟媳婦的樣子很兇悍，還跟我們說：「你們要做好心，要做功德……」江媽媽很有智慧地說：「我們不是為了功德才做，他現在需要人幫他；是不是可以拜託你們，三餐買點東西給他吃，畢竟我們沒有辦法每天帶東西來，萬一沒有人去，他就沒得吃。」其實阿溝伯，是因為沒有吃，沒有體力，營養不夠很憔悴。

我們清理好他住的環境，給他吃了東西，精神看起來就很飽滿，有力氣跟我們講話了。阿溝伯自己也提到，錢寄放在弟弟那裡，弟弟有一個兒子過繼給他，兒子住在臺中潭子。後來，江媽媽也去找他過繼的兒子。

兒子因為要上班，也沒辦法照顧阿溝伯。一直到阿溝伯病重，江媽媽帶師兄、師姊去協助他，將他送去東勢省立醫院住院治療，志工一直幫忙到他往生，最後圓滿。他兒子很感動說：「自己人都沒有辦法做到，你們又不是他的誰，居然能夠做到這樣。」他也跟江媽媽承諾，以後有需要幫助困苦的人，他也要出來做志工。我就是因為這樣，很佩服江媽媽，很想跟她一樣幫助人。

去阿城伯那裡，他的房子很髒，全部清理了五部小貨車的垃圾。我們還為他孔固力粉刷和補厝空（臺語，póo-tshù-khang，意為補房子破洞。）因為他的房子已經很老舊了，洞沒補，會有老鼠進去。從買材料和孔固力，都我一個人負責。石頭要多少、水泥要幾包，我一看就知道，畢竟我跟先生做過很多工程。

江媽媽看到我能做、又能計算，希望我可以出來培訓委員，每到年底就跟我說：「妳趕快出來培訓，我幫妳報名？」她很疼惜我，只是還不是時候，因為我還要工作，沒時間參加很多活動、配合很多事情，我不敢答應，只能做幕後志工。

幫助人 不一定要用錢

先生外遇經常不回家，整個家都放著讓我一個人扛，我都快撐不住了。1995年，原住民司機又因為酒駕，撞到一位榮民往生，聽到這個消息，我的心情降到谷底，真的是屋漏偏逢連夜雨。後來經調解，我們理賠榮民之家和他的喪葬補助，以新臺幣五十萬元和解。

事隔三年後，1998年，一樣是原住民司機酒駕撞到對方往生。這一次家屬就沒那麼好說話，要我們理賠強制

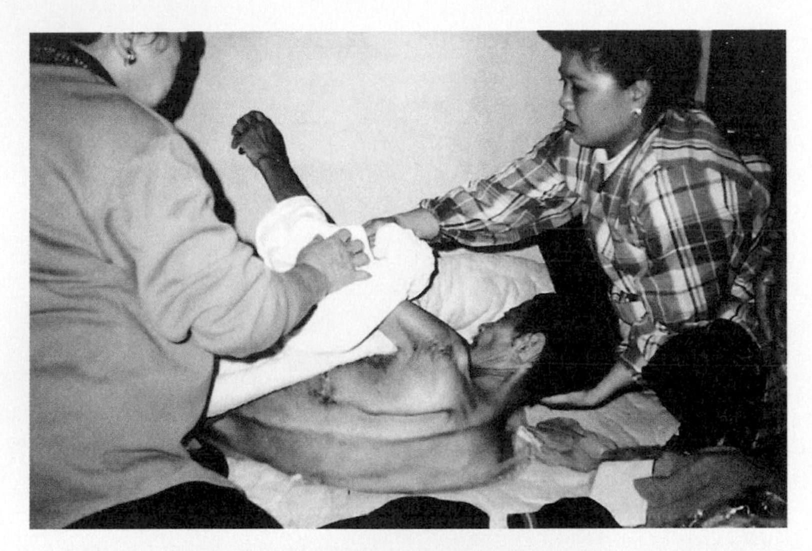

李前英（右）跟著資深志工江魏滿（左）關懷個案阿溝伯，還幫他擦澡、換衣服。看到阿溝伯，沒有人照顧，長期臥床，身體多處褥瘡，令她心生不捨。（圖片／李前英提供）

險一百五十萬，喪葬費另論。已經欠人家很多工程款、銀行貸款，為了周轉追不到錢，現在又要理賠一百五十萬，真的是欲哭無淚。

我跟先生說，肇事者負責一半，我們負責一半。他人很慈悲，說：「不行，他跟我們做工，怎麼可以叫他負責。」我說：「我請他工作，又不是叫他去喝酒開車，否則也不會撞死人。」

我跟先生說：「我為了要給肇事者有警惕的心，開車不能喝酒，不能再犯同樣的錯誤，才要讓他負些責任，不能讓他認為撞到人沒事。」我這樣講，先生還是不

李前英長期跟先生做工程，練了一手好功夫，連案主阿城伯破洞的家，經過她親自買材料和混凝土攪拌，把破洞補好，老鼠不再進來。（圖片／李前英提供）

接受。我說：「既然你不肯接受，最起碼讓他負責五十萬，我們負責一百萬。」肇事者在我這裡工作，一天工資最少兩千元，一個月可以領到五萬多，有時候加班還超過，我扣他兩萬，其餘是讓他有生活的費用，只要他肯，五十萬很快就還完了。

後來，先生同意，肇事者也同意，扣幾個月後，他不來工作，我們也沒得扣了，所有債還是我們背。我們窮到要過年沒辦法過年，債權人一直要債，要到我先生受不了，就說：「我們走，到花東那地方比較沒有人認識我們，重新再起！」我說：「不要，要去你自己去。」我已經認識慈濟、認識清源法師了，多少了解這就是因緣果報，我應該要面對現實，欠人家的錢，只要我誠意，還是可以還完，我抱著這樣子的心態認真賺錢，決定不跟他走。

經過一連串的事情發生，深受東勢高工那一場講座，志工的生命故事，又親眼走入案家見到苦難的眾生，我感覺不能再等了，不能再以工作為藉口，也不要讓江媽媽每年提醒我，便主動跟她說：「若家人不反對，我今年要報名培訓。」她很高興我終於想通了。我回家問兒子：「我要參加培訓，要做慈濟委員。」兒子說：「我們家都欠人家救濟，妳還要去，拿什麼去救濟別人。」我跟他說：「其實不一定要錢，我可以用時間、用體力去幫助人。」

我問先生：「我要出來培訓，做慈濟委員，好嗎？」他說：「慈濟是妳的最愛，妳要做就去做，我不敢擋妳，但是妳不要叫我做。」說真的，他也不敢反對，這個家幾乎都是我在負責。我先生就跟兒子說：「我沒有反對，你做兒子的人，沒有理由反對。」他這樣說，我就放心參加培訓了。

我要培訓時，先生外遇還沒有斷，上人曾經說過：「一丈以內是丈夫，一丈以外馬馬虎虎，人平安就好。」我都是用「靜思語」[11]過日子，「不要拿別人的錯誤來懲罰自己」、「原諒別人就是善待自己」，那時上人就是說「普天三無」[12]，我也是這樣子愛我所愛的人，也是這樣把她當成姊妹，不把她當外人，婆婆怪我沒有教好先生，我不敢頂撞她，我做我該做的事。那時我也接觸佛法，不是說：「觀自在菩薩行深，般若波羅蜜多時，照見五蘊皆空……色不異空，空不異色，色即是空，空即是色……」[13]都是空的，人的一生，到最後什麼也沒有，我不再想太多，好好做自己、做該做的事就好了。

震後掃街 掃出上城環保站

我在1999年培訓課程結束，到慈濟花蓮尋根三天（9月17日到9月19日），晚上回到家，9月20日那天姚淑娥師姊去開土耳其大地震的募款共識會，因為上人希望全省的慈濟志工要動員募款幫助他們。所以呼籲「一塊錢不嫌少，一千元也不嫌多。」、「一人一善，遠離災難」，這樣去呼籲，我也去跟會員募款，那時被罵很多。到9月21日凌晨大地震發生，東勢是重災區，死傷很多人，我投入救災、大愛屋都有做。

受證委員後，2000年1月我就開始承擔環保幹事。臺中縣大甲區柯國壽師兄、李思齊師兄和其他師兄、師姊到東勢支援救災，他知道我承擔環保幹事，就問我：「師姊，妳環保做得怎麼樣？」我說：「就一直做啊！」他說：「妳要帶人來做。」我說：「要帶誰？也不知道要怎麼帶？」我是家庭主婦，沒有認識很多人，也不知道要怎麼帶。他說：「可以辦活動吸引人來。」他建議我用掃街、辦茶會，邀人家來參與，我再宣導環保。

我聽了覺得還不錯，因為九二一地震後，東勢鎮很多路邊、到處都有雜七雜八的東西，可以藉由掃街，將馬路兩旁清理乾淨，讓它還原美觀。我說：「就用掃街，可是剛開始我不會。」柯師兄說：「沒有關係，我會來。」他也不需要我買掃把、畚斗等所有掃街的工具，他將大甲媽祖每年出巡遊境，慈濟人宣導環保，掃街的工具一起帶過來。

一切安排就緒，2000年3月12日星期日早上，我們第一次掃街活動。東勢居民一般都是務農，邀約他們的那幾天，剛好是梅雨季，都在下雨，大家都說：「可以，下雨山上不能做，掃街沒問題。」只要有人出來，我就很放心。

第二天清早五點多，太陽好像出來得特別早，天空非常清澈，不像雨天的灰暗，這時我家的電話響了，電話那方說：「前英師姊，我要去山上噴藥……」又有人說：「師姊，我要除草。」「師姊，我要……」答應要載回收、載垃圾的人都說沒辦法來了。這個不能來，那個也不能來，天啊！七點馬上要開始掃街，只剩不到一個小時；我心裡很急，不知該怎麼辦？內心只好祈求上人：「希望給我圓滿，希望給我圓滿！最起碼也要讓我找到車子。」

我說「心誠則靈」是真的，住在東勢鎮明正里的賴錦平師兄，他原來沒有說要來，結果開著一臺小貨車來到東勢鎮活動中心的停車場集合地點。他問我說：「師姊要掃街，那怎麼掃？我現在負責什麼？」我說：「你有開車來，那你負責載回收、載垃圾。」有他來，讓我解決車子的大問題。

我們總共邀請二十四里的家政班同學，還有慈濟委員、社區志工，大約二、三十人一起掃，當時記得有賴錦平、張東昇、黃秀菊、劉秀宜等人。掃出來的資源回收和垃圾很多，平均三臺可以回收的資源，兩臺垃圾。

東勢社區自從2000年3月12日星期日早上開始，進行每星期一次的掃街活動，而且風雨無阻。（圖片／李前英提供）

車子再將回收資源，載到東勢鎮上城里張東昇師兄家隔壁的四合院，算是他們的祖厝，但土地不是張師兄名下，而是黃秀菊女士老舊的伙房[14]。大家再一起分類，我也準備茶水、點心讓大家享用。

四合院那地方是九二一地震倒塌後，沒人居住的空曠地方，黃秀菊平時有加入環保志工，她聽到我們找不到分類地點，因此免費提供給慈濟使用。後來才訂為每月第二個星期日掃街，分兩條路線，一個月掃東勢鎮的新盛街，一個月掃東坑街。第四個星期日舉辦聯誼帶團康，一個月一次，大家一起活動聯絡感情。

原來是露天的空地，我們為了要做環保，志工大家一起出資，你一千、我五百、他多少，然後買鐵架，架設有屋頂的環保站，下雨天，出大太陽，才能遮風蔽雨，東勢第一個環保站因此而來。

2000年5月，以上城社區的名字命名為「上城環保站」正式成立。從此每星期一環保志工就在該處做分類，因為要長期使用，怕鄰居有意見，每做一次就將場地清掃得乾乾淨淨。

環保站成立 志工有依歸

環保回收物資多，回收車輛剛好三點五噸一臺貨車，載去古物商賣掉，不足一輛貨車的放到整臺貨車滿，再一起載去賣。慢慢越來越多，金額也多，我都會請劉紀勝師兄和黃楨松師兄陪我到古物商，然後載回收去賣的師兄、師姊，環保幾公斤？有多少錢？大家一起簽收結帳，存根也大家各一張保留。

不到一年的時間，我們三個人跟老闆四個人，光算金額的時間用去很多，後來我想這樣不行，是不是請老闆開支票，大家不用為釐清回收金額那麼辛苦。我拜託古物商老闆開甲種支票，老闆說，他從來不用，因為金額都不大。後來老闆答應，也因為慈濟讓他第一次做生意開甲種支票。

2000年5月，以東勢上城社區命名的慈濟「上城環保站」正式成立，從此每星期一環保志工就在該處做分類。（圖片／李前英提供）

到年底12月9日那一天，因為臺中縣政府規劃新方案，讓九二一受災的鄉親以工代賑，給他們賺取工資，掃街宣布結束，志工就不再帶動掃街了。

在上城環保站做了將近兩年，不出所料，左右鄰居開始有聲音了，不希望志工繼續在那裡做分類，他們怕都是易燃物危險，若發生事情也不好。我覺得修行沒有那麼容易，人要做好事也會常常遇到阻礙。

東勢區沒有慈誠委員的共修場所，都到志工家裡開會，九二一大地震後，加入慈濟的志工越來越多，也因為慈濟認養東勢國中的希望工程，有建設組合屋，因此

九二一大地震後，加入慈濟的志工愈來愈多，東勢區因為沒有屬於慈誠委員共修的固定場所，都在志工家裡。（圖片／李前英提供）

東勢區沒有屬於慈誠委員固定的共修場所，志工承租東勢街上北美服飾樓上共修。（圖片／李前英提供）

學校提供一間給志工作為共修教室，後來期限到了，組合屋要拆掉建蓋學校給學生讀書，我們又沒有地方了。

志工才又找到東勢鎮忠孝街的三樓，是一般住家的樓上，小小空間，每個月要租金，而且共修也會影響到別人；後來又搬到東勢街上北美服飾的樓上，比較寬廣，租金一個月一萬五千元。我輾轉聽到姚淑娥師姊，她是我們的組長，她說上人慈示，大家一起找地，找一個能蓋來作為我們永遠共修的地方，才不用搬來搬去。有這樣的因緣，我們才有「東勢共修處」，也在2011年正式啟用。

泰昌環保站 全年無休

因為找「東勢共修處」而有「泰昌環保站」。泰昌環保站在東勢鎮泰昌里東勢國中附近，靠近石角溪，這塊地五、六十坪，原來地主廖老闆居住，房子在九二一地震倒了，後來他搬到臺北跟兒子住。廖老闆曾經租給電力公司一個月五千，後來電力公司沒有承租變成廢墟。

邱鳳惠師姊、劉豐霖師兄兩夫妻知道這地方，跟廖老闆接洽後跟我說：「那塊地既然蓋東勢靜思堂不行，就給妳做環保站。」我們去看了覺得可以，那就要整地，裡面很多玻璃，雜七雜八的廢物也很多。

有一天廖老闆打電話問我：「就租給你們，妳要多少錢跟我租？」我說：「我們是做大眾的工作，付出沒有薪水的。你是老闆，開個價錢，看多少？我們覺得可以就租。」他說一個月五千。我跟廖老闆說：「可以少一點嗎？之前你租電力公司是五千，我們沒有營利事業，大家都做愛心的工作，都在保護地球，你要五千，那我要經過會議討論，大家同意，我才敢跟你答應。」他問我：「那妳要多少錢跟我租？」

我說：「老闆，若能讓我做主，三千元可以跟你承租。」他說：「好，就三千，那什麼時候寫契約？」我說：「廖老闆，你什麼時候可以寫契約，我就什麼時候過來，同時準備錢給你。」慈濟東勢泰昌環保站就是這樣的因緣，2002年4月正式成立。每個月租金三千元，一年三萬六千元，到目前為止都是這價錢。

環保站成立，二十幾位環保志工一年三百六十五天沒休息，我除了巡頭看尾（臺語，看頭看尾之意），很多事情我都要跟著做，若有人請假沒來，我也要做分類、拆紙箱；沒有人跟車，我要去補位，跟著司機到各點去收回收物。曾經遇到沒有司機的時候，我也曾經拜託我先生開車，我跟車，到回收點收資源。每次賣回來的環保資金，都是我在整理，同時管帳，我的帳目每一筆都記得非常清楚，該用的用，該省的就要省下來捐給大愛臺。

其實環保志工很辛苦，冬天冷、夏天很熱，而且全年無休，做得又那麼認真，那麼投入，我就想說，應該煮一點東西給環保志工當點心，讓他們不會餓到。可是有人就不同意，說：「環保站那麼髒，還要煮東西給人家吃，要怎麼吃？」後來，我就去請教師嬤[15]，師嬤說：「愛呷（臺語，音ài -tsiah，要吃的意思），做呷、做呷（臺語，音tsò-tsiah，要做也要吃的意思），沒呷哪會做，妳儘管煮給他們呷。」有師嬤這一句話，所以環保站都有在煮，煮個湯麵、米粉湯、綠豆湯，很簡單的。冬天吃燒、吃燒（臺語，音tsiah-sio，意是吃熱熱的比較溫暖），熱天吃涼、吃涼（臺語，音juah-thinn tsiah-liâng，意是夏天很熱吃涼涼的），很簡單，吃粗飽（臺語，音tsiah-tshoo-pá，意只是吃飽而不講究飲食的精緻度。），很溫馨。比較特別的是，三個月一次，我會買蛋糕為壽星慶生，祝福他們，無論吃好、吃壞，做多、做少，大家就會很高興。好在有柯國壽師兄來帶動我們掃街，真的就這樣子掃，掃出這一些菩薩來，真的要很感恩他。

七二水災 奮不顧身送便當

九二一地震才過沒幾年，2004年7月2日，來了一個敏督利颱風[16]，夾帶充沛的雨量，造成七二大水災。老一輩的人說，是東勢區百年來最嚴重的水災。我一心一意

環保站成立後，一年三百六十五天沒休息，李前英除了巡頭看尾每天進出環保站，很多事情都得跟著做。她說，以身作則，環保站才有辦法持續運作。（攝影／徐振富）

要做慈濟，環保站是我的精神寄託，是我依靠的一個地方，大水來，竟然不留情把整個泰昌環保站沖毀掉，我整個心也被瓦解，整個人都崩潰了。看到樹那麼大，把環保站的大門衝垮，看了心裡實在很痛。

記得7月2日午後，暴雨狂下，到整個晚上都沒有停下來，一直下到天亮，東勢石角溪及中科溪夾帶大量的土石滾滾而來，溢出高大的河堤，氾濫到大街小巷，慈濟東勢泰昌環保站就在石角溪旁邊，才成了重災區。

我家也淹水了，我有一臺大型的挖土機價錢八十萬買的，是先生做工程用的，也被大水沖走，不過我不擔心家裡，也不擔憂身外之物，我擔心的是環保站。我跟先生說：「我要去環保站看看！」他罵我說：「妳神經喔！家裡都進水了，妳還要去！」我說：「家裡這樣還好，我去看看，沒有去我不會放心。」他說：「好啦！要去妳就去，不過要小心喔！」先生知道我沒去，心會安不下來。

我出去的時候，風雨還是很大，整條馬路變成河床，我將車子停在路旁邊，下車隨便抓一根棍子當拐杖，我走到福泰橋，水已經淹過橋面，只看到欄杆。當我靠近欄杆，大水已經淹到我的大腿上來了。我還是涉水走過，看到環保站的門口，哇！完了，真的完了，一切都完了啦！眼前一片汪洋如大海，遮雨棚也全被風掀毀撕裂，整個回收站的物品不是被大水沖走，就是被水淹沒，幾乎一無所有了。

我哭了，我當下眼睛全是淚水，怎麼辦？為什麼這樣？九二一地震剛過，一切才安穩下來，怎又來了這麼大的災難？是不是我環保沒有做好，沒有盡到愛護地球的責任，所以上天在懲罰。青山又流淚了，真的在流淚了，我雙手合十求老天爺：「不要再下了……」我一直叫：「老天爺，請祢不要再下了。」雨下得那麼大，我自己一個人在環保站也沒辦法做什麼？只好回家。先生看到我回家就問：「怎麼了？」我說：「都完了！都沖掉了啦！」我含著淚水回覆先生。

後來，我到東勢國小集合，全心投入救災工作，分路線送飯包，我送了三天，走三天的路，因為穿雨鞋，鞋裡面一直有水泡在裡面，腳都濕爛起泡了，走路會痛，但是痛也要走，不走不行。腳整天都不是很乾淨，很怕會有細菌感染，還好我的皮膚很好，只是破皮、痛一痛而已，晚上藥搽一搽就沒事了，隔天照樣走。

第三天，我就跟組長姚淑娥師姊說，我不能再送了，環保站需要處理，我要借用政府資源，現在沒有做，改天我自己要請山貓來挖，就需要一筆經費，而且廢土要倒在哪裡，都是一個問題，因為沒有地方倒，沒有人肯給我們倒。

我就去找山貓，只要附近居民有需要，山貓、怪手、卡車都是東勢鎮公所請來的救災人員，居民有需要，他

2004年7月2日，敏督利颱風來帶充沛的雨量造成七二水災，沖走了泰昌環保站，讓李前英心情降到谷底。看到環保站的大門東到西歪，她對自己說：「哇！完了，真的完了，一切都完了啦！」整個心也被瓦解了。（圖片／李前英提供）

們很快會幫助。我請開山貓的司機，幫我把泥巴清掉，卡車當天同時載走，但是回收，有一些鋁、鐵罐，之前沒有出掉的貨，我請山貓幫我把泥巴甩一甩放在旁邊，我再慢慢來清洗，可以清洗的鐵罐、塑膠類，我們都洗起來，不可以清洗的紙類就讓車子載走。

我請男眾師兄帶著大鋸子，將大樹鋸成三截，結果沒有鋸斷，怪手也沒有辦法挖走！清理泰昌環保站，第一天還好有東勢、大甲、港區、豐原志工聯手幫忙（忘記當時是那些人），第二天和第三天由東勢志工自己清

2004年敏督利颱風後，經過三天清掃，重建工作迅速，7月15日東勢泰昌環保站重新站起來。（圖片／李前英提供）

2004年7月15日東勢泰昌環保站重新啟用，李前英表示，無常來得突然，唯有大家繼續護持，才不愧對大家努力重建的辛勞。（圖片／李前英提供）

掃，三天動員將近三十位志工，才迅速清理完畢。重建開始，好在有做建築的張輝照師兄帶領其他男眾志工協助，重建工作很快完成，7月15日，東勢泰昌環保站重新站起來。

環保站工作正式復工。最高興的人應該是我，環保站不但恢復原貌，換上新裝，還增加了廚房和廁所設備，兩邊各種了三棵樹，我稱它一邊為「戒定慧」，一邊為「佛法僧」。學佛修行「戒定慧」基本三學，和「佛法僧」三寶，佇立環保站，警惕自己要認真老實修學不懈怠。而且也不是種了就好，還要澆水，還要看它們身旁是否有雜草叢生、上面的枝幹是否太茂盛，這些都要處理修剪。

我很感恩我先生，因為長期跟他到山上做工程，我會用手工鋸，爬到樹上剪樹枝，這對我來說不困難，只是感觸水火無情的可怕。

逆來順受 看開不用加利息

人生走到這個年齡，看很開了，我畢竟也經歷大風大浪。無論先生是否回家、欠人多少債務，慈濟我還是照做。去收功德款的時候，記得一位會員跟我說：「這種尪（臺語，音ang，丈夫之意）不離掉，還說妳在做慈濟！」她說我看不開，這種先生離掉就好了。我說：

「就是看開才不離。」她說：「妳是看不開才捨不得離，若是我，早就看開離掉了。」

我跟她分析，欠人三十年的婚姻，二十年就離掉，後面還欠十年，不只十年，還要加利息，所以不離；我欠他三十年，就還三十年，欠四十年，就還四十年，我看很開，才不想要再加利息。聽了後，她說：「有幾個人像妳這種傻瓜。」

做慈濟好處很多，能看淡一切、想得開。先生執迷不悟，還是賭，曾經叫我跟師兄、師姊借錢，我說我往哪裡借？我沒借給他，他還要打我，我說：「好，你今天要打，你要給我打死，你沒有打死我，我絕對不放你干休。」他知道法律上有家暴法規，從那次以後他就再也不敢打我了。

記得第一次被他打，是因為我用我的名字辦理貸款，買了一棟透天厝兩百多萬的房子，我先生已經是銀行拒絕往來戶，沒辦法用他的名字，我才用我的名字去辦。那天晚上，他喝酒回來，我向他提到貸款買房子的事，他就很生氣說：「妳在講什麼，我在外面也不是好過！」伸手把我從床上拖下來，再重重打了我一巴掌，五掌深深印在我的臉上，還將鋁門弄壞、電話摔壞掉，我一個禮拜在家裡，關在房間不敢外出見人。我婆婆還罵我說：「妳是死人？他打妳，妳不會跑喔！」我說：「我為什麼要跑？生是你們的人，死是你們的鬼，打死

泰昌環保站（右下角）（上面標示是東勢聯絡處）重建後，不但恢復原貌，換上新裝，大門兩邊各種了三棵樹，李前英說，一邊是「戒定慧」，一邊為「佛法僧」，代表學佛修行，要謹記「戒定慧」三學和「佛法僧」三寶。（攝影／陳榮豐）

就好。」

鞍馬山是深山，山上都是鳥叫，樹林、竹林，沒有人煙的地方，每年到了十月，就開始起很厚濃霧，能見度只有三公尺而已，我常常自己一個人開車上去。為了五十位工人，要煮飯、載瓦斯、載米菜。先生工作拿到就要做，不做也要罰錢，他去到工地，就叫工人，你做什麼，他做什麼，然後很瀟灑，拿一支黑金剛，女朋友call他，他自己車子開著就走了。我就要留下來煮飯給工人吃，從頭到尾所有事情，我就要處理，不清楚就打

心胸寬闊的李前英（右二），不只將先生的「外緣」當成好姊妹，同時邀她一起搭慈濟列車到花蓮參訪慈濟，留下難得的身影。（圖片／李前英提供）

電話問他。

說起人這個「運」也很奇怪，先生他很有女人緣，人走到哪裡，就會有一群女人跟著他，而且女人跟女人之間會爭風吃醋，我常聽他在電話中擺不平，說真的，這樣他也不好過。還好我有進來慈濟，若沒有進來，像我遇到那麼多事，不知道要怎樣走過。

誠正信實 路遙知馬力

承擔環保幹事，遇到逆境、人我是非，經常有的，踢到鐵板不是假的。每一個人見識不一樣，有人跟我說：「東勢共修處建好了，環保站撤回來自己的地方，才不用花租金。」我說：「不要，在這裡就好了。」我的顧慮是環保的東西雜七雜八一大堆，環保站要整理得乾乾淨淨不容易，我們共修處是那麼莊嚴的殿堂，又在東勢鎮的市中心，而且三民路是黃昏市場，後面大樓是國有地，很多居民進進出出，而且不是每個人都認同慈濟，只要一張紙飛出去大馬路，影響過路人，就有可能被警告，甚至提告。慈濟是要做守法的事，絕不能有一點的事情發生，你說要撤掉省租金，我若真的聽建議搬下來，我想十個李前英都抵擋不住這些問題。

再說，要蓋一個環保站也不容易，必須經過政府評估、立案才能正式成立。後來我也將事情請教宗教處，宗教處建議，泰昌環保站不要廢掉，東勢共修處附近有兩個互愛，上城社區，較接近泰昌環保站屬互愛二，就讓互愛二區的志工來承擔；東勢共修處的環保教育站屬於互愛一，就由互愛一承擔，這樣彼此邀約新人也比較快，因此決定不搬。

我要收善款，又要顧環保，師兄、師姊建議我，不要自己做得那麼累，環保的帳，換其他人做，讓別人幫妳分攤工作量。有人願意幫忙，我當然同意。當時的環保回收金額比現在多，整理帳的人沒有按照每個月出報表，有時候兩個月，有時候一個月，有時候三個月，跳來跳去，讓彙整單位等不到報表，後來才又把帳歸還給我整理。

我能力有限，承擔環保幹事很辛苦，二十年來，已經變成我固定的工作，也因為做環保，讓我有依靠，讓我從幽谷走出來，我應該感恩才對。我要感恩柯國壽師兄，因為有他給我鼓勵和帶動，還有劉秀宜師姊，她說：「我若不是看到妳這麼辛苦，我可能也不會做環保做得這麼認真。」從掃街做到現在，她一直挺我、支持我，給我很多能量。

八十三歲的站長劉秋妹，有她幫忙打理、煮點心，我才能堅持到現在。每次告訴她我有事不能來，她都會說：「放心，妳去，這裡交給我。」劉秋妹她第一次要做環保，我開車到她家載她來環保站，第二次就自己走路來，十幾年來風雨無阻，我沒有她，也沒辦法去做其他的事情。

會員願意繳 再遠都甘願去收

我收功德款最多時收到一百三十戶，遠到臺中、上谷關、雪山坑、新社，臺二十一線，是臺八線再轉進去，還要七公里半的地方；我三十九歲就學會開車，後來因為先生做工程失敗，車子通通賣掉，改騎機車，從和平進去還要四十分鐘，只要有會員願意繳，再遠我都去

東勢泰昌環保站八十三歲的站長劉秋妹持續二十年，幫忙打理、煮點心。（攝影／徐振富）

收，除非對方說他不繳了。

連派出所的警員，我都跟他們收善款，好幾個到現在都還願意繳，就連一個退休回去臺南，每個月功德款還是繳交給我，他固定每個月從臺南來谷關泡湯，就會到以前上班的分局，託同事轉給我，我們互動很好，每次看到我的電話，開口就說：「師姊妳好……」很親切。

還有一位，從在白冷派出所，現在是臺中市和平分局，後來他被調到鞍馬山（雪山派出所管轄區域的工作站），我們這裡東勢上去還要四十三公里的高山上。他就跟我說：「師姊，我現在沒有在白冷，在山上了。」

志工劉秀宜（左）曾經對李前英（右）說，「我若不是看到妳這麼辛苦，環保可能也不會做得這麼認真。」也因為有劉秀宜在身邊支持，李前英愈做愈快樂。（攝影／徐振富）

我說，在山上好啊！山上比較涼（意指工作業務較為輕鬆之意）。他問我：「那功德金要怎麼辦？」我說：「你要再繳，我就要去跟你收啊！」他說：「我現在在山上，43K，那麼遠妳要來嗎？」我說：「我知道啊！43K我很熟，去收功德金，還可以遊山玩水看風景，有什麼不好？」他說：「妳是這樣想喔！好，那我繼續繳，再麻煩妳來收。」結果我沒有一次上去，都是他託人帶下來給我。

車禍大難不死　過一天就賺一天

我不怕辛苦，只要事情做得好才重要；2007年我每個月都要到臺中分會開環保會議，而且是在晚上，我從來不曾缺席，因為要自己去聽才會清楚；從東勢鎮和平鄉騎機車到臺中市民權路的慈濟臺中分會，要超過一個半小時的車程。是福不是禍，是禍躲不過，每一次開完會議，我都會幫忙將桌椅還原，那一次剛好下雨，沒有協助搬桌椅，想說讓就近的師兄、師姊善後。

回家我從北屯路轉往豐原，再到東勢往和平，可以縮短很多時間；哪知田心路往鐮村路，有一個轉彎處，一個背著書包，穿著白色襯衫的學生騎機車逆向行駛，「砰」一聲，撞到我，我倒在地上，機車壓在我腿上，手腳已經痛得不能動。學生沒有受傷，機車稍微傾倒，他起來牽著機車要走，我叫他：「你不要走，你把我扶起來！」年輕人可能嚇到，怕我要他賠，又怕被家人罵他，不理我就離開了。

大約晚上十點半左右，相撞的「砰」一聲，附近的陽光早餐店夫妻兩人出來看，看到我穿著八正道制服倒在路上，就問：「妳好像是慈濟委員，怎麼那麼晚還在這裡？」她趕快幫我打電話叫119，一個打電話，一個扶我起來。救護車載我到臺中潭子慈濟醫院，醫生看後說要開刀；第二天早上七點半進到開刀房，一直到下午五點才出來。

因為傷得很嚴重，右手的關節斷三截，手掌斷一截、手指斷兩截，手指中指關節斷了，到現在中指還是不能轉彎，右腳韌帶受傷，後來打石膏打了一個月。出院後，我閒不住，自己開著車去環保站，徐振富師兄問我說：「妳腳痛還來，能做什麼？」我跟他說來補太空包，我就坐在椅子上，打石膏那一腳伸直就好；買一個太空包要一百五十元，我就想用塑膠繩或肥料袋，補一補還是可以用很久，受傷時就做這個。

2019年1月21日，我到新社收功德款，去會員家回來的路上，不知怎麼樣，感覺後面有人在推我，機車輪胎好像蛇在走，一直鑽一直鑽，手把抓不住，煞車又煞不住，就去撞上安全島，我人倒在安全島旁邊，下面就是大水溝。

當時我沒有打119求救，馬上打手機叫我先生：「你趕快來，我跌倒了，你來載我回去。」先生看到我時，說：「好佳哉（臺語，音hó-ka-tsài，幸虧、還好之意）。妳是在做慈濟，不然妳就沒了，差一點點，就掉入溝仔底（臺語，音kau-á-té，水溝，疏通流水的溝道的底部。），不是淹死，就是喝水喝到死。」他總算知道做好事有好報。

我撞到的時候，摩托車剛好壓住我的右腳，可能被壓到皮肉麻木死了，回到家也不覺得痛，傷口也沒有做任何處理，隔天還是去做環保。有師姊好意，叫我用薑母搥一搥，攪拌茶油和麵粉，消炎會很快。我真的照做，鋪上去後一個小時一直腫起來，一直抽痛，我趕快叫我先生載我去慈濟臺中潭子醫院掛急診，急診醫師一看說：「妳這個是蜂窩性組織炎，不能回去，要住院。」那時已經是農曆年底了。後來就在醫院過年，沒有回家圍爐，到年初三出院，回家療養，結果傷口還是紅紅腫腫一直好不起來，再回到醫院，醫生建議植皮，植皮要花一筆錢，又要住院，不要植好了。可是傷口好不起來，後來還是聽醫師建議，割大腿的肉來植，因為我沒有糖尿病，身體很健康，住院一個禮拜到十天就出院，也慢慢恢復了。當我受傷躺在醫院時，或是回家療養，有先生、孫子來關心、照顧，還有師姊煮食物來探望，那段期間感覺最窩心。

大難不死必有後福，我抱著過了一天，又賺到一天的心態，因為不知我未來到底還有多少時間，起碼我現在過得很快樂。我也很感恩我的身體一直很好，沒有病痛，很少感冒，很少生病，不會這裡不好，那裡不好，只是意外好像要我的命，還好我是天公仔囝（臺語，音thinn-kong-á-kiánn，意思是幸運兒。表示一個人，經常逢凶化吉，大難不死，讓人覺得有不可思議的好運氣）。

人生倒吃甘蔗 感恩逆境來磨

我每天跑來跑去，有時候到很晚才回家，婆婆跟我先生講，你不要讓你老婆去做慈濟，一個女人四處走不是好現象。我先生就跟他媽媽說：「沒辦法，我自己做錯事，沒資格說她。」後來我婆婆就跟我說：「妳要做慈濟，不要晚上趴趴走，我怕妳有外遇。」其實，她怕我將她兒子丟下不管，然後離婚。我說：「媽，您放心，我今天沒做慈濟，你兒子早就被我丟下了；我是因為今天做慈濟，妳要感恩慈濟，我才不會把妳兒子丟下。」她從此不再說叫我不要做慈濟了，我照顧婆婆，一直到她一百歲往生。

人啊！就像一塊玉石，不磨不亮；若遇到困難就逃避，怎能跨過逆境？我常常用「靜思語」過日子，到現在還是。有人說，我像彌勒佛，很開朗、很活潑，我是進來慈濟才改變的，還沒進來慈濟之前，我是多愁善感、優柔寡斷的人，為了這個家常常愁眉苦臉，額頭皺紋都夾在一起，現在看開了，才有了笑容。

我倒吃甘蔗，我對得起我的家人，我沒有虧待他們，有人以為我出來做慈濟家裡沒照顧好，我有，可以去問我先生，問我的孩子。我是很容易相信別人，被人賣掉還幫人家算錢，我覺得即使這樣也是功德一件。

到現在，我們的債務還沒還完，但也剩不多了，雖然還是租房子，但是我過得很快樂，我已經很滿足了。當年培訓委員課程結束，回到花蓮尋根，圓緣的時候，上人賜給每一位弟子一分祝福和結緣品，我的結緣品上寫

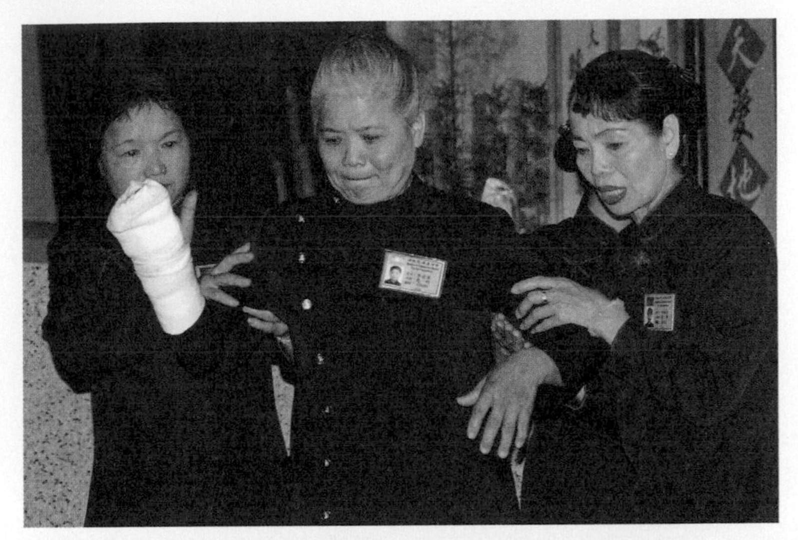

李前英（中）因為車禍傷得很嚴重，右手還裹著傷，右腳韌帶受傷，腳也打著石膏，住院一個月剛出院，因為閒不住，不得不出來讓大家看看，免得眾人去家裡看她。（攝影／徐振富）

著「毅力、勇氣」，受證當天的「佛心、師志」，我視為己志銘記於心，至今一直不敢忘記。

做環保的當下，我把家裡的事通通忘光光，不管家裡欠人家多少錢，完全不會去想，就是一直分、一直分，沒有雜念，累了就回家休息，明天又是一條龍，我最怕心累，身體累不會累倒我，所以去環保站我就是很快樂。

走在慈濟的路上，有許多人支持，當遇到逆境，要用哪一句「靜思語」來釋懷、鼓勵自己？只要念頭一起，「靜思語」馬上呈現在我眼前，鞭策我。慈濟路，我會堅持走下去；對我先生、我的孩子、欠曾家的三世業，我要在這一世通通還完。來慈濟以後，我就像是讀慈濟大學，讀到現在都還在讀、在研究，也時時自己戒慎警惕自己，無論遇到何種困境，就是要走到目的地。

---

1 臺灣地區在1950年（民國39年）經濟發展的初期階段，以自產煤炭為主要能源，早期工業發展所需的動力多仰賴自產煤炭。根據經濟部能委會1995年公布的資料，臺灣地區煤炭的產量曾在1967年高達五百零八萬公噸，其後由於淺部煤層殆已掘盡，開採不易，成本漸高，煤的產量逐年遞減，1994年煤炭的供應量為兩千六百九十五萬公噸，其中自產二十八萬公噸，僅占七百分之一。臺灣之煤田分布於北部與中部，北部煤田由臺灣之北端與東北端之海岸影響，從南延長至大安溪右岸，總長度一百二十公里，平均寬二十公里，總面積約兩千平方公里；包括基隆、臺北兩市與臺北、桃園、新竹、苗栗四縣。苗栗縣南庄鄉公所網站https://reurl.cc/7oo08Q （2020年8月21日檢索）

2 落磐，礦道中的大型岩塊因土質鬆軟而下落的現象。資料來源：漢典網站https://reurl.cc/bRXn5o（2020年8月21日檢索）

3 三七五減租，1949年施行的農地減租政策，是土地改革的第一階段。臺灣的租佃制度多為口頭契約，佃權缺乏保障，佃租既高，且預收地租，遇天災或歉收皆須依約繳付，故稱「鐵租」。為改善租佃關係，1949年4月臺灣省主席陳誠發布「臺灣省私有耕地租用辦法」，開始實施三七五減租，但直到1951年5月25日，立法院才以省略三讀程序方式，正式通過「三七五減租條例」，規定佃農對地主繳納的地租，以全年收穫量的37.5%為上限。資料來源：文化部臺灣百科大全網站https://reurl.cc/x0Ezx1 （2020年9月3日檢索）

4 白冷高地位於和平鄉天輪村，舊地名為白冷社(日據時代)，光復後原編為南勢村一部分，後因天輪電廠興建及八仙山林場、白冷圳水源頭之關係而人口增加，重新規劃為天輪村，但地名則沿用為「白冷」。資料來源：文化部社區通網站https://reurl.cc/3LOxkM （2020年9月17日檢索）

5 1915年李長榮第一代創辦人李衍長從木材業發跡，創立李長榮木業，在日治時期已經是具備相當規模的會社。戰後由第二代李昆枝接手經營後積極擴展木材事業，從東南亞進口木材資源，及開發更具價值的延伸產品。當時正值臺灣建設起飛，工業正在蓬勃發展，李昆枝發現建築內的隔間與家具都需要大量合板，投入合板事業。加上1950年韓戰爆發後，美軍因援軍韓國，在亞洲需要大量的營房建設，積極在亞洲尋找合適建材。一位美軍少校在偶然機緣下路過李長榮工廠，將樣本帶回軍方，經過數次嚴謹測試之後，通過美軍審查標準，李長榮也因此獲得美軍大量的採購訂單。韓戰結束之後，美軍少校因看中李長榮合板在美國市場的潛力，因此洽談將李長榮的合板產品外銷到美國。在數次的考察與觀察美國市場之後，李長榮最後決定以東南亞提供的原木原料自製自銷合板到國際市場，將事業版圖推向國際舞台。因合板須大量使用尿素膠原料，仰賴原料進口或向國內化學公司購買，李長榮在1965年成立李長榮化學公司汐止廠自己生產，1966年李長榮木業公司合板基隆廠成立（李長榮事集團網站，歷史沿革https://reurl.cc/2gD6LE ）。第三代李謀偉自美國返臺後也加入李長榮化工，積極延伸其化學經營版圖。至今，李長榮化工已經擁有碳1至碳5的產品系列，目前李長榮已經是橫跨化工、電子化學、太陽能等的跨國企業。資料來源：成功大學網站臺灣化工史料館https://reurl.cc/r8Qrar （2020年9月4

日檢索）

6　艾爾西颱風，1969年9月形成後在那霸島東南方海面向西北西方向行進，26日（27日中秋節）晚23時多左右由宜蘭、花蓮間登陸，由臺中附近出海，後於金門附近進入大陸。全臺均有嚴重災情，有人員傷亡、失蹤。資料來源：NCDR全球災害事件簿網頁https://reurl.cc/R1vWaG（2020年9月17日檢索）

7　1960年代末期至1979年政府推動的國家及重要基礎建設工程。在蔣經國主政時期加以統整，稱為十大建設。內容包括：南北高速公路、北迴鐵路、臺中港、蘇澳港、中正國際機場、鐵路電氣化、大鋼鐵廠、大造船廠、石油化學工業、核能發電廠。行政院經濟建設委員會於1979年出版《十大建設評估》，指出十大建設對景氣復甦、經濟成長、就業機會、物價穩定皆有正面作用。資料來源：文化部網站臺灣大百科全書https://reurl.cc/n01yx6（2020年9月8日檢索）

8　中嵙圓通精舍，主祀神祇：觀世音菩薩，地址：臺中市東勢區泰昌里東崎街167號。

9　此處所指應是《慈濟月刊》於1967年7月20日發行，當時採半月刊創刊號發行，採免費贈閱，出刊期為每月五日和廿日，每期出版四開一張。一路伴隨慈濟志業脈動而成長，為歷史作見證，為善行作紀錄，為良善作明鏡。資料來源：慈濟全球資訊網：https://reurl.cc/A87DAp（2020年9月2日檢索）

10　明隧道，一邊是山壁，一邊由大量的鋼柱或鋼筋水泥柱支撐，具有透光的特性，多設於易崩塌路段，防止落石掉到路面，造成路基損壞及交通中斷，類似遮雨棚的道理一樣，在臺二線東北角海岸公路、蘇花公路、三條橫貫公路及其他山區公路常見。資料來源：自由時報網站小常識https://reurl.cc/r8L9Ky（2020年9月17日檢索）

11　證嚴上人的言語，多是從現實人生裡出發、從個人實踐中體悟，自每人每天的生活中契入的，是活生生的說法，不知曾救了多少人、多少家庭；也實質幫助了許多人開創事業、調理人情，在立身行事中不僅知所進退、歡喜平安，也能助人為樂，和睦向上。因此，透過隨師師父與委員，在滿懷感激中，將上人平日向弟子、會員或社會人士開示的話，輯錄下來，讓更多有心朋友，能夠親近它、掌握它；無論做人、做事、勵志、修身，或濟貧教富、或淑世助人，皆可隨機翻閱、隨緣索引；因時因地、因人因事而能有所吸引與發揮。1989年，經由文化界的高信疆先生及一群慈濟志工的努力，第一次將上人的平日開示，以語錄的方式彙輯成冊，並經證嚴上人定名為「靜思語」，這就是「靜思語」的由來。資料來源：靜思人文網站https://reurl.cc/EzrM7a （2020年9月9日檢索）

12 普天三無：「普天之下無我不愛的人」、「普天之下無我不信任的人」、「普天之下無我不原諒的人」。

13 此經文出於《般若波羅蜜多心經》。

14 伙房，多人共食或集體、單位的廚房。

15 師嬤，指證嚴上人的俗家母親王沈月桂，也是上人授證的慈濟委員。

16 敏督利颱風於2004年7 月1 日22 時40 分由花蓮南方二十公里處登陸，在臺灣陸地停留十二小時後，於 2 日上午 10 時由淡水河出海，之後行徑轉向北北東，中央氣象局於當日 8 時 30 分解除臺南以南及臺東以南的陸上警報，至7 月 2 日深夜，暴風圈逐漸脫離本島。敏督利颱風在警報期間帶給臺灣暴風豪雨外，其引進西南氣流也在臺灣中南部地區造成持續性降雨，在中南部山區，雨水超過1000mm，並釀成嚴重災害，也稱七二水災。資料來源：中央氣象局https://reurl.cc/Grx1Zx（2020年9月9日檢索）

垃圾減量　從小義工做起

洪妙禎訪談紀錄

堅持垃圾減量，有機堆肥土壤改良是良策。

——洪妙禎

◎訪談：張美齡、張麗雲
◎記錄：張美齡、楊家好
◎日期・地點：2019年1月24日・洪妙禎家
2020年2月9日・臺中市北屯區慈濟大德共修處
2020年8月2日・臺中市北屯區慈濟大德共修處

【簡歷】

1951年（民國40年）洪妙禎出生於南投縣草屯鎮石川里農家。1957年就讀草屯鎮新庄國小，1968年就讀臺中師專，1972年於臺中師專畢業，當年8月1日分發到南投縣水里鄉車埕國小大觀分校任教師，1975年與張鈴福結婚，調到水里鄉成城國小任教。因為先生在臺中加工出口區上班，1976年調到臺中縣神岡鄉社口國小任教，1978年再轉調臺中市大鵬國小任教。1989年精進佛七接觸佛教，同年皈依佛門，購買《證嚴法師靜思語》接觸慈濟，1990年中搭慈濟列車到花蓮參訪靜思精舍，1990年開始在任教小學推環保，1991年8月1日受證慈濟委員，2004年在大鵬國小退休。

1951年（民國40年）我出生於南投縣草屯鎮石川里

農家，家中排行老大，有兩個弟弟、兩個妹妹。我家是一座很大的四合院，門口埕是曬穀場，在沒有電視的時代，傍晚吃飽飯後，我們兄弟姊妹會在埕上玩，記憶裡，會飛來很多螢火蟲，河邊的青蛙唱起奏鳴曲。再晚一點，抬頭一看就是滿天的星斗，銀河與牛郎、織女星都清清楚楚的。

家的後面有一條水溝，水清澈見底，夏天我們小孩子都穿著很涼的衣服與短褲，到水溝裡面玩水，另一頭就是鄰居的圍牆。水溝邊有很多石頭，是阿嬤、媽媽還有很多人洗衣服的地方。

水溝旁種了一棵高大的樹，樹上的果實我們稱它為「黃目子」，成熟後會掉下來。阿嬤拿它當肥皂，用來洗頭、洗衣服。我最喜歡撿樹上掉下來的黃目子，把它包起來搓一搓，可以洗頭、洗手帕，可以洗得很乾淨。小時候的生活跟大自然結合在一起，那種景象很自然、很清淨，感覺很美。後來才知道黃目子，就是無患子。

門口埕外是我家的農地，約四、五分大，有梨園、荔枝園，也有種龍眼、麻竹筍，還畜養乳牛。早期完全沒有塑膠垃圾，家裡的菜葉、果皮通通倒在四合院左側近荔枝園的地方，落下的樹葉也都集中在那裡，一段時間我們會燒掉，燃燒時下面還可以烤番薯、芋頭等，漸漸地那邊就成了垃圾堆。

我就讀草屯鎮的新庄國民學校（現為新庄國民小學），

離家很遠，早上如果帶便當到學校，學校沒有地方可以蒸飯，中午就只能吃冷飯。阿嬤捨不得我們吃冷飯，所以近中午的時候會幫我們備好熱騰騰的便當，由家裡出門；我和弟妹、堂弟妹們，就從學校往回家的路跑，不論跑多遠，只要跟阿嬤碰面，就是我們吃飯的地方。

有時候在樹下，有時候在河邊，而河旁長滿野薑花，那種鄉村的景象、美的畫面，讓我記憶非常深刻。吃飽飯後我們再回去學校，阿嬤才回家。傍晚放學回家，有時我們會脫下鞋子到河裡摸蜊仔（臺語，音bong lâ-á，蜆，貝類）。那時候的水很乾淨很清澈，摸到黃色的蜊仔，我們再用手帕包回家，接下來的一、兩天，餐桌上就會有我們摸回來的蜊仔可以吃。

我就讀草屯初中（現為草屯國中）時，在垃圾堆旁闢一個花園，就是將土挖成數條長條型的土堆，和著燒過垃圾的灰，讓泥土變得比較鬆，再種上大理花，整片的大理花開得很漂亮，覺得很開心。

我喜歡清澈的河水，喜歡乾淨的空氣，喜歡很空曠的環境。對我而言，童年的成長記憶與經驗，是個美好的回憶，所以長大以後，我特別喜愛親近大自然，總能讓我感受到一股親切感。

師專畢業到小學任教

父母親雖然務農，但很重視孩子的教育，也尊重我們的選擇。我1968年從草屯初中畢業，考上臺中私立曉明女中、臺北護專（現為臺北護理健康大學）和臺中師專（現為國立臺中教育大學）三所學校，就讀臺中師專是我自己的選擇，一方面是離家近，第二是公費，畢業後就分發到學校教書。

就讀臺中師專，五年都住在學校宿舍。有一次放假回到家，發現家後面的那條水溝變髒了。以前曾經走過的河邊，野薑花不見了，河裡也沒有蝌仔了，河水有時也乾枯了，才警覺到環境改變了，已經遭受汙染了。

1972年我師專畢業，8月1日分發到南投縣水里鄉車埕國小大觀分校（1987年廢校）任教。1975年與張鈴福結婚，住水里，有機會調到水里鄉的成城國小任教。後來因為先生在臺中潭子加工出口區上班，所以我們搬家到臺中市北屯區的水湳；1976年我調到臺中縣神岡鄉[1]社口國小任教，1978年再轉調至離家更近的臺中市大鵬國小任教，直到退休。

從打佛七到皈依

四個女兒相繼出生，還好有同住的婆婆幫忙照料。我先生開始接觸佛教，法師會送給他一些書籍，不定期會收到像報紙大小的月刊。當時我不懂什麼是佛教，但是當先生看完，整理丟棄前，我都會再看一下。我曾經在刊物裡看到一小則文章，寫著參加「精進佛七」[2]的感想，那種充滿法喜的過程，我也感受到那股喜悅。

那時候，我們家就很注重休閒，孩子雖然很多，但是我們平常認真上班，到了禮拜六下午開始放假，禮拜天我們一定帶著孩子到郊外走走。

1989年初，我們到臺中太平頭汴坑蝙蝠洞對面的護國清涼寺，孩子在寺前廣場上玩的時候，我在寺院的柱子上看到「精進佛七」的告示，讓我想到幾個月前，看到的那則參加精進佛七後的歡喜心情，我就跟先生分享，並問他：「我可不可以來參加？」先生就說：「可以啊！你看看是什麼時候。」舉辦時間剛好是學校放寒假期間。

我馬上進清涼寺詢問，想要參加精進佛七需要多少錢？他們說免費。我就跟先生說：「免費呢！我來參加好不好？七天喔！」他說：「好啊！好啊！妳報名啊！」我當場報名了。其實我對佛教完全不懂，更不知道什麼是「精進佛七」。

精進佛七的日期到了，婆婆幫我看小孩，當天下午先生帶我到護國清涼寺報到，報到後他就回家了。我一個人很好奇地開始認識環境，之後來了一位也是來參加的人，他問我：「妳會不會禮佛？」我說：「什麼是禮佛？我完全都不知道呢！」他從開始教我怎麼問訊、怎

洪妙禎在臺中市大鵬國小服務期間，帶動師生與義工一起做資源回收分類，共同重視環境保護。（圖片／洪妙禎提供）

麼禮佛，要從哪個門進去……接下來就開始進入佛七了。

七天之中，不是整天都拜佛，而是早上、下午及晚上都有安排課程，人家要利用休息的時間去禮佛，就是要把空檔都補滿，讓我們在七天當中都是在精進。佛七結束之後，我才喜歡佛教，不然之前我對佛教完全是空白，完全沒有概念。

佛七的點滴一直在心中縈繞，空檔時，我會一直問先生，佛教為什麼稱阿彌陀佛，又有個釋迦牟尼佛，又有個什麼佛……到底是哪個比較大、哪個比較小，因為我都不懂。先生比較有慧根，他會為我釋疑。

精進佛七結束後，我就鼓勵先生有機會也去參加，但是我們也不知道哪裡還有舉辦；而且他是公務人員，不像我有寒暑假，所以他一直沒機會參加。於是我們就換到別的地方去休閒，反正不曾有一個假日會在家裡，差不多全省都跑透透了。

同年暑假，我們一家六口到新竹獅頭山上的元光寺走走，因緣殊勝下，我和先生皈依元光寺住持普獻法師，我獲賜法號「慈禎」，一直沿用到現在。皈依後，我求法若渴，心心念念一直想再更深入佛教，所以當普獻法師來臺中演講的時候，我們都一定會去聽。

初識靜思語

1989年暑假過後，有一天晚上我帶四個孩子去逛中正路（現為臺灣大道）與市府路交叉路口附近的中央書局。我看到中央書局的大柱子上，貼著一張紅色的大海報，寫著「本週暢銷排行榜《證嚴法師靜思語》」，這引起我的好奇，「證嚴法師」是誰啊？怎麼之前從沒看過他？在好奇心驅使下，我拿了一本《靜思語》（以下口述者簡稱）要一探究竟。

一翻開《靜思語》，我被裡面的每一句話攝住了，譬如：「要用心來轉境，不要讓心被境轉。」「任何事情

洪妙禎在大鵬國小推動環境教育，針對戶外教學時所設計的環保學習單，讓大家動動腦，加深環保的概念。（圖片／洪妙禎提供）

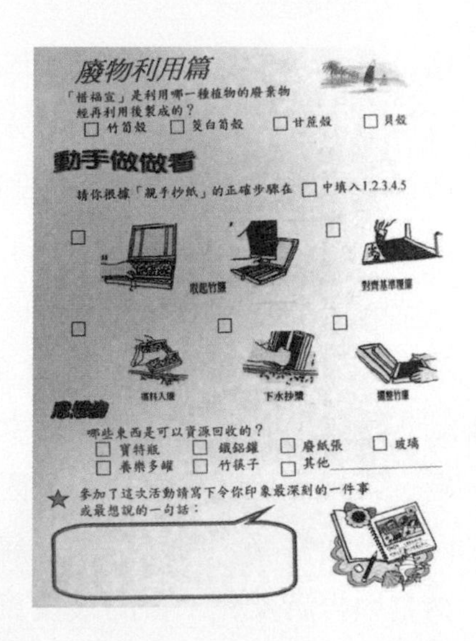

廢物利用篇

「惜福宣」是利用哪一種植物的廢棄物經再利用後製成的？

□ 竹筍殼 □ 茭白筍殼 □ 甘蔗殼 □ 貝殼

動手做做看

請你根據「親手抄紙」的正確步驟在 □ 中填入1.2.3.4.5

□ 取起竹簾 □ □ □ 下水抄漿 □

哪些東西是可以資源回收的？

□ 寶特瓶 □ 鐵鋁罐 □ 廢紙張 □ 玻璃

□ 養樂多罐 □ 竹筷子 □ 其他＿＿＿＿

★ 參加了這次活動請寫下令你印象最深刻的一件事或最想說的一句話：

都是從一個決心，一粒種子開始。」「人生不一定球球是好球，但是有歷練的強打者，隨時都可以揮棒。」……每一句都深深地打動我的心。我又繼續一頁一頁地翻，有意思！有意思！這就是「靜思語」，很白話，可是說得很有道理，於是我花兩百五十元買了回來。

回到家以後，我一直翻、一直翻，覺得每一句都很棒、很受用，不管證嚴法師是誰，反正這一本書我就覺得滿受用的。到學校後，我跟班上的科任老師盧春安分享，說起我去書局買了一本《靜思語》，作者是證嚴法師，我覺得非常好。盧春安已經是慈濟的會員了，我還不是，但是她不知道上人有這本著作。

寒假在護國清涼寺參加精進佛七時，每天早上幾炷香都會唱誦〈大悲咒〉，雖然已過了十個多月，但〈大悲咒〉的韻律常在我腦中縈繞。每個星期三下午我學校沒有課，如果學校沒有進修、開會，比較可以出去辦一點事。有一回，我從大鵬國小騎摩托車到距離十公里的市區辦事情，不知道為什麼，大悲咒的韻律一直浮現在腦海裡，我當下很想買錄音帶回家聽，但是不知道要去哪裡買，因為我對佛教完全不懂。

我騎機車到成功路停紅燈的時候，突然想到我有一本證嚴法師著作《靜思語》，證嚴法師一定跟佛教有連結。我馬上到路邊打電話給女兒，要她幫我在書架第幾層、第幾本找《靜思語》。因為我看書習慣把整本書前面、後面都看，所以我知道慈濟在臺中市有據點。我很清楚地告訴女兒，書的最後頁有住址及電話，她馬上給了我，根據住址我找到民權路上的會所[3]，看看有沒有賣〈大悲咒〉。

到了民權路，看到的是一間日本式的平房，一進到裡面是黑黑暗暗的，心想「這是什麼地方？這一間有賣什麼東西？」我很好奇。再往內走，我看到一尊莊嚴的觀世音菩薩像，還有兩位小姐，我記得是陳惠美及陳麗淨，牆上掛著小黑板，寫著什麼香積、福田、活動……這些沒有一個我看得懂的。

她們問我：「妳要找誰？」我就說：「要來問問看，這裡有沒有賣〈大悲咒〉？」她們回答我，沒有賣〈大悲咒〉，可能師兄、師姊家裡有在賣，她們要再幫我問問看。她們又說：「妳要不要參考我們師父的錄音帶？」我問她師父是誰？她說是證嚴法師。她們拿給我看，它是一盒、一盒藍色的《靜思晨語》錄音帶，她還說：「妳可以看看喔！」她們介紹我很多，有綜合的錄音帶，是藍色、大盒的；也有一盒裡面有六卷錄音帶。後來我買了兩盒，大盒是《靜思晨語》六卷錄音帶，小盒有兩卷，但是沒有買到〈大悲咒〉。

回到學校後學校沒有事情，我就直接回家。回到家就馬上放錄音帶來聽，從第一卷開始聽，聽到我先生下班回來，我知道先生很疼我，就跟他說：「今天晚上沒煮飯，我要把這些聽完，你去買便當回來吃。」

因為我被證嚴法師的聲音給吸引了，聲音很柔、很攝心，我覺得很像媽媽在招手的那一種感覺。我坐在餐桌上，一卷、一卷錄音帶一直聽，他講的都是慈濟志工做的事情，每一次講到最後，他都說：「多用心！」那個時候我才接觸到慈濟。

慈濟列車的震撼

那一次除了買這兩盒錄音帶以外，我還問她們要怎麼添香油錢，當時我還不知道那是「功德款」，我家有六個人，所以交給她們六百元。因為添香油錢讓我感覺到歡喜，所以後來我不定期地跑到臺中分會添香油錢。

到學校時，我跟盧春安老師分享，我去民權路的慈濟臺中分會買了錄音帶，聽了很歡喜，還不定期去添香油錢。她才跟我說：「不用到那裡，我們學校就有委員！」我說：「什麼委員？是立法委員，還是行政委員？」我都不懂。她說：「我們學校的愛心媽媽陳淑敏，就是慈濟的委員啊！」

經過盧春安老師的通知，愛心媽媽陳淑敏就來找我，她說：「妳不用再跑去那裡呀！」我說：「最好啊！」因為騎車到民權路臺中分會差不多要二十五分鐘。就這樣我問她：「是不是每個月都交給妳，要每個月嗎？」她說：「對！要固定每個月。」我說：「不是我想到才交給妳嗎？」她說：「現在要每個月喔！」我就說：「好啦！好啦！妳就每個月來收。」

1989年底，陳淑敏開始向我收了四個月的慈濟款以後，隔年1990年的三、四月，她邀我暑假七月搭慈濟列車到花蓮。之前，同事也常邀我參加寺廟舉辦的放生活動，曾經到大甲溪畔放生泥鰍。我當時志不在放生，對放生的意義也不懂，也沒有很大的動力，只是想帶孩子去體驗戶外的活動，而且那個活動是不收錢的。

所以，聽到要搭慈濟列車去花蓮，我的想法是「寺廟辦的活動都不用錢」，去玩玩也好，就爽快地回答：「好啊！好啊！」她繼續問我：「那妳要報幾個？」我說：「三個，我跟兩個小孩。」我有四個小孩，兩個大的就跟阿嬤住，我帶兩個小的出門，名字跟身分證字號通通給了她。

洪妙禎在臺中市大鵬國小擔任衛生組長期間，各班教室購置分類桶，規定必須做好資源分類。（圖片／洪妙禎提供）

洪妙禎在大鵬國小成立環保小義工隊，訓練隊員在資源回收教室，檢查各班送來的分類物，為環保回收把關。（圖片／洪妙禎提供）

過幾天後，陳淑敏又來找我，說要跟我收錢，一個人一千七百元，小孩好像是半價，算一算要三千四百元。我很訝異，馬上回她：「那麼貴？」她說：「我們要坐火車，還要住旅社啊！」我說：「好啦！好啦！」我心裡想著：「人家寺廟的活動都不用錢，你們卻要花錢……」但是我沒有說出口，因為我是老師，她是愛心媽媽，我們都在同一個學校裡，怕被人說閒話；但也是很高興，我剛認識慈濟還不到一年，就搭上慈濟列車去了花蓮。

我帶著兩個孩子早上五點多就集合搭車往花蓮，孩子沒睡飽沿路一直睡。說實在的，我對慈濟也不了解，上了慈濟列車就跑不掉了，只能坐著聽人家講話。幾位師兄姊就一個車廂、一個車廂輪著來分享。

其中印象深刻的有洪武正師兄與洪金蘭師姊，因為他們的故事，進了慈濟有了轉變。當時看洪武正師兄覺得他很兇，他分享自己加入慈濟前曾為了一些事很生氣，就把對方拉到田中央教訓一番，兇狠地拔掉對方的十個指甲。那時候我覺得好殘忍喔！可是他說慈濟改變了他，不再做那些事了。

另一位是洪金蘭師姊，她給我感覺是一位愛玩，不受拘束的女孩，有著我行我素隨性的個性。她高中畢業沒多久，就與認識僅兩個月才小學畢業的李文樹結婚，婚後經濟並不寬裕，讓她心存怨恨，成日罵天咒地，仇視

臺中市大鵬國小師生將日常收集的環保資源回收物，合力搬上慈濟環保回收車。（圖片／洪妙禎提供）

臺中市大鵬國小義工隊環保組，在校整理各班學童送來的環保回收物。（圖片／洪妙禎提供）

丈夫，打孩子，但是她進慈濟後也改變了。

在火車上我聽到覺得有一些震撼，他們讓我感覺到慈濟可以改變心性。慈濟很多感人的故事，都是由故事的真實人物來講，那種說服力、親和力滿強的。那時候我只知道——來慈濟只是做好事而已。

加入慈濟大家庭

復興號的火車慢慢開，經過七個小時的時間，快到花蓮的時候，車上的師兄、師姊指著右前方說：「大家請向右看，那就是師父修行的地方……」我一看到灰白色的精舍馬上掉眼淚，不知道為什麼？眼淚就是不由自主地掉下；我連上人的面都沒有見過，就是心酸。我想起讀臺中師專的候時，到外地打工兩個月，只要看到往南投的車子就想哭，就像那種「思鄉情怯」，第一眼看到精舍好像是回到家的那種歡喜，如同在外流浪很久要回家了，所以我哭了。

傍晚，我們住在精舍附近的稻香村旅社，第二天清晨三點半起床準備朝山，過了鐵路平交道，我們開始往精舍方向三步一拜朝山，兩個小孩很乖，跟在我旁邊朝山。我一邊朝山一邊哭，直到精舍的觀音殿。觀音殿非常簡陋，前面有木欄杆，我選在第一排，因為有兩個小孩會睏，她們趴在欄杆上睡著了，而我坐在欄杆後第一

台中市大鵬國小環保教育宣導資料

各類物品的生命：

物 品	存 活 時 間
菸 草	1~5年
棉 襪	1~5年
香蕉、橘子皮	2週以上
塑膠袋	10~20年
底片塑膠罐	20~30年
尼龍織品	30~40年
錫 罐	50年
皮 革	50年以上
鋁 罐	500年
玻璃瓶	1000年
廢電池	危害如下：

做好垃圾分類，讓資源永續再利用，不讓垃圾成為大地的負擔。

電池的可怕

一顆一號電池爛在泥土裏，能使1平方公尺的土壤永久失去利用價值；一粒鈕扣電池(扁平狀)可使600噸水無法飲用，這相當於一個人一 生的飲水量。若將廢舊電池混入生活垃圾一起填埋，滲出的汞及重金屬物質會滲透土壤、污染地下水，進而進入魚類身體、農作物中，間接威脅到人類的健康。

對自然環境威脅最大的五種物質，電池裡就包含了三種：汞、鉛、 鎘。汞是一種毒性很強的重金屬，對人體中樞神經的破壞力很大；鎘 在人體內極易引起慢性中毒，主要病症是肺氣腫、腎損害、肝病變、 骨質疏鬆、貧血，很可能使身體癱瘓；而鉛進入人體後最難排泄，它會干擾血液系統、神經系統、腎臟、消化系統及循環系統具有高危害。為了減少廢電池對環境以及我們自身健康的危害，請大家將家中廢棄的電池做好回收的動作，並請孩子帶至學校回收。 小小的動作將為我們帶來最大的福祉！

請大家一起來愛惜我們的環境，做好廢電池的回收！

環保教育宣導有獎徵答

一、題目：

設計者：洪妙禎

1、在「夏天的故事」影片中，小元慶生會上，新綠族的小朋友犯了什麼過錯？

2、新綠族的小朋友演完西遊記後，爲什麼會得獎？

3、請說出兩種洗碗的新妙方？

4、請說出環保標章象徵的含意？

5、請問怎樣使用冷氣更省電？

6、冷氣機要在氣溫幾度時才能開？

7、回收一噸的廢紙可救幾棵樹？

8、回收一個鋁罐可節省多少能源？

9、請問家中有哪些垃圾？其中可回收的占百分之多少？

10、你能說出三種垃圾減量的方法嗎？

11、慈濟功德會秉持著什麼理念在推動環保？

12、請問四合一回收標誌怎麼畫？

13、請說出跟資源回收有關的靜思語？

台中市大鵬國小化腐朽為神奇環保創作活動實施辦法

壹、 依據：根據本校推動環境保護教育工作計畫

貳、 目的：

一、鼓勵廢物利用，加強垃圾也是資源的觀念。

二、藉廢物利用，激發創造潛能，培養惜物愛物美德。

三、將環保教育理念融入美勞課程中。

參、 實施辦法：

一、利用寒假期間，指導學生蒐集廢棄物創作環保藝術作品。

二、參賽組別：

（一）各年級自成一組。

（二）每班至少提出3~5件作品參賽。

三、參賽主題：凡以廢棄物再利用的創作美勞作品，形式不拘，皆可參賽。

四、收件日期：八十八年三月八日，請將作品標示班級、姓名及主題名稱後送至指定地點。

五、評審委員：將聘請學有專精的老師評分。

六、獎勵辦法：

（一）各組評選出第一名一名
第二名二名
第三名三名
佳作若干名

（二）得獎作品請校長頒發獎狀及獎品以資鼓勵。

（三）各組優秀作品將於4月23日全市環境保護教育觀摩會展出。

肆、本辦法經校長核可後實施，修正時亦同。

洪妙禎在大鵬國小擔任衛生組長期間，會蒐集廢棄物對環境及人體危害的研究資料，做成宣導單；也會設計環保教育宣導有獎徵答題目，以及規劃回收物創作比賽，來加深師生的環保觀念，希望大家都能將環保落實在生活中。（圖片／洪妙禎提供）

洪妙禎在大鵬國小擔任衛生組長期間，規劃化腐朽為神奇環保創作比賽，陳列出優秀作品，藉由對回收物的創作，讓師生更愛惜身邊的資源。（圖片／洪妙禎提供）

排聽上人開示，是我第一次看到上人。

我會進來慈濟，是因為聽上人的《靜思晨語》錄音帶，讓我很震撼，又看到本人，打從內心對上人的敬仰油然而生。上人的威儀挺直、剛正，很震攝人，但是講話的聲音溫文的、慢慢的，很有穿透力。

慈濟列車回程車上，同一個車廂的幼兒園老師鄭秀雲分享精舍師父們自力更生、刻苦克難的生活點滴，她的分享會感染人，我覺得這個姑娘很年輕，還沒有結婚，她很愛慈濟又很投入，讓我很想進來慈濟。那次回來，我就決定要走入慈濟，這就是我要找的地方。

回到臺中以後，積極投入募款，陳淑敏就幫我訂做藍色的工作服，我也開始當志工，一到假日，我就跟著他們，曾經到菜市場義賣，到雲林麥寮或者三義的山上訪視……什麼事情都做。

1990年，吳尊賢文教公益基金會在臺灣幾個縣市舉辦社會公益講座， 8月23日上人應邀到臺中市新民商工演講，我穿起藍色的工作服去服務。

講座結束之後，陳淑敏要我跟盧春安到慈濟商借的東峰國中連續上三次的精神研討課程。後來陳淑敏又問我：「要不要做旗袍？」我說：「做旗袍做什麼？」她說：「妳要受證了。」我也不曉得什麼是「受證」，只是抱著「隨緣」的態度，如果有事我就做，我就說：「好啊！」

結果三次的精神研討課程都排在假日，假日是我的家庭時間，我們假日都出去玩，我覺得為什麼要上課，叫我去做事我去，要我去上課我不一定都參加。後來接到通知要我受證委員，因此，1991年8月1日在花蓮靜思堂受證，是臺中最後一屆在花蓮受證的委員。

在學校開始垃圾分類

1990年左右社會上常常發生垃圾的抗爭[4]，只要聽說垃圾場要設在自己的社區就去圍堵、去抗爭。學校有一次舉辦消防講習，主要是針對環境保護有關的內容，譬如火災的預防及處理，也講到垃圾太多的社會問題。每次聽到垃圾議題，我就會想起幼年在草屯家裡大自然的成長環境，好美。

8月23日新民商工的吳尊賢社會公益講座，當大家聽到上人精采開示的時候，就報以熱烈的掌聲。上人感慨地說起當天下午，搭車繞過市區，看到街道很多的垃圾，於是鼓勵大家：「用鼓掌的雙手做垃圾分類。」當時我想到：「對呢！我們的環境真的需要動動腦，來解決垃圾的難題。」

經過上人的提醒，我覺得要解決垃圾問題，只有讓垃圾變少，而不是去抗爭垃圾是不是在我家。演講結束後，我在學校大鵬國小，任教的五年級班上開始推環保。

五年級男生比較多，每一節下課他們就是打球，打完球就是到販賣機買飲料喝，所以教室裡面的空鋁罐、鐵罐特別多，垃圾桶很容易就滿了。以往每一節下課，我都要值日生倒垃圾，但是在新民商工聽演講後，我就叫值日生過來，帶他們把垃圾桶裡面的東西倒出來分類，開始將空罐回收踩扁。

學校福利社的清掃，是我們班的公共區域之一，我要學生去打掃的時候跟福利社的阿姨說：「紙箱通通留給我們。」再搬回教室來。漸漸地，全校五年級所有的班

洪妙禎在大鵬國小擔任衛生組長期間，規劃環保歌詞創作比賽，啟發師生對環保的重視，並期望落實於日常生活中。（圖片／洪妙禎提供）

1997年，洪妙禎（臺前左）在臺中市國民小學環保教師、環保小署長研習活動中，說明並帶動環保相關議題。（圖片／洪妙禎提供）

級回收的資源，我就請他們收集起來都交給我。

大鵬國小離我家很近，大概三、四公里，平常我是騎腳踏車上課，後來因為要載那些回收物，所以視回收量多寡，我一週開車一、兩次到學校，載去住家附近松竹路上的回收商變賣。老闆看我穿窄裙、高跟鞋，就好奇地問：「你是⋯⋯」我就說：「我是在學校回收的，賣一賣全部要捐給慈濟。」因為我將回收物變賣的錢送回臺中分會，所以曾經到林美蘭師姊家開會，才知道我們北屯區志工收集的回收物，是交由曾益冰師兄統一送到回收商變賣，所得一起送回臺中分會，後來就由他們每週到學校來載。

大鵬國小環保義工隊

我持續在學校裡宣導，剛開始只有五年級的班，漸漸地擴展到全學校四、五十個班級，也包括幼兒園三個班。我們學校的老師感情都很好，只要我跟老師講，他們一定會響應。

學校福利社的紙箱、紙板最多，我班上的學生每天都會去拿。一位在福利社的愛心媽媽林俐珍就問：「你們老師要這個幹嘛？」學生說：「要回收啊！」她就說：「不然我來幫忙好了。」後來她成為我們學校的環保義工，到目前三十年了她還在大鵬國小做環保。最近我還

21世紀夢公園環保小尖兵

感謝狀

台中（縣市） 大鵬 國小

參與1997「21世紀夢公園環保小尖兵—環保績優卡」環保公益活動，對推動環保教育建樹良多，特贈此狀，以表感謝。

統一企業環境保護關懷委員會
—— 21世紀夢公園系列活動
主任委員 林蒼生

中華民國八十六年十月三十一日

統一企業公司
PRESIDENT ENTERPRISES CORP.

洪妙禎在大鵬國小擔任衛生組長期間，在校成立環保小義工隊，從事各項環保工作；1997年，學校榮獲「21世紀夢公園環保小尖兵——環保績優卡」殊榮。（圖片／洪妙禎提供）

自由時報

中華民國八十六年十一月十七日 星期一

盼帶動社區環保新風氣

大鵬國小打掃水湳市場

（記者林孟娟／台中報導）大鵬國小緊鄰水湳市場，儘管校園內環境整潔，但圍牆外卻是亂成一團，學校這學期起悄悄自己動手打掃，把垃圾變不見，儘管每逢市場收市後，髒亂還是可見，但學校盼漸漸帶動社區新風氣。

學校是教育的場所，大鵬國小這學期把教育功能推廣到校外，原因是學校隔壁的水湳市場髒亂影響到學校觀瞻，部分缺乏公德心的民眾走出市場後，都會順便把垃圾隨意放置在學校圍牆四周，由於放任不管，環境只有更亂，這學期起，學校悄悄做起打掃工作。

校長畢泰洲說，目前學校都是利用每個月第一個週六的社團活動時間，由學校環保組領軍，在童子軍、愛心工作隊的努力下，把學校四周及水湳市場附近打掃乾淨，希望藉由學生的自動自發，喚起社區民眾一起來做環保。

幾次下來，大鵬國小學童的打掃身影已開始引起社區注意，學校說，雖然市場收市後，在圍牆附近還是難免會有垃圾出現，但是量似乎沒有最初多，只要再經一段時間，相信應能帶動社區環保新風氣。

1997年，洪妙禎在大鵬國小擔任衛生組長期間，規劃清掃學校四周環境，期盼帶動社區重視環境清潔。圖為11月17日，《自由時報》刊載大鵬國小的善行。（圖片／洪妙禎提供）

消費生活

變！變！變！垃圾成黃金

廚餘成為資源的方法

當各縣市大鬧垃圾戰時，消費者若能有效降低垃圾量
自化糞土為黃金，就是將廚餘轉換為有機肥

1994年，洪妙禎開始在大鵬國小開闢有機堆肥場後，開始蒐集廚餘成為資源的相關資訊，並分享給全校師生進行廚餘堆肥製作。（圖片／洪妙禎提供）

洪妙禎在大鵬國小擔任衛生組長期間，推動廚餘有機堆肥時，使用的廚餘堆肥桶及菌種。（圖片／洪妙禎提供）

遇到她，她說：「老師，您帶得真是很好！」

林俐珍一開始只是說要幫忙，然後也邀了其他的愛心媽媽一起來，而成為大鵬國小義工隊環保組。三十位的義工，由她一人開始，是一粒種子，一生無量到現在還在做，她們太優秀了，我實在很感動！她們把環境教育當成自己的使命，讓我很敬佩。大鵬國小這個點非常紮實，我非常感恩，她們也很感恩，她們說，還好因為我帶著她們做。

三十年前我宣導環保不是很容易，不只宣導一次就結束，我宣導了好幾年。當時社區還沒有全部開始做，連

洪妙禎在大鵬國小擔任衛生組長期間，在課餘時間常到有機堆肥場，整理與準備環保相關事務。（圖片／洪妙禎提供）

洪妙禎（左）與同事合力在大鵬國小有機菜園澆灌有機肥，增添作物的養分。（圖片／洪妙禎提供）

垃圾車都還沒有分類[5]。因為我要知道垃圾最後載到哪裡去，曾經跟著垃圾車去收過垃圾，所以我更清楚垃圾是怎麼收的。社區民眾如果分類好了，除非拿到學校來，否則交給垃圾車也都混在一起，我好心痛！

學校的體衛組在1993年擴編為體育組與衛生組，學校一直在找衛生組長，他們看我認真在做資源回收，就找上我，我說：「好啊！好啊！」反正我也是在做這些工作。

我當衛生組長後，開始要求全校每一班都要做得非常徹底，不像之前是拜託老師們配合。而且我請班級老師給我一節課的時間，到每一個班級說明，我提著標示「可回收」、「不可回收」的兩個桶子，帶著垃圾和資源，要班上每個學生都要摸摸看，這個東西為什麼要回收？一節課的時間我專門講這些，講完之後，我要每個班級推薦一個學生，就是衛生股長，在學校成立「環保小義工隊」。學校也空出一個教室，作為回收物集中區。

1993年年中，我定星期五早上升旗完進行全校資源回收。剛開始就廣播——現在是回收時間，請各班級把回收物送到回收教室來。慈濟資源回收車也是每週五升旗後到校載資源，由環保組義工媽媽秤重後，再搬出回收物送上車。

當時紙張和塑膠類全數捐給慈濟，其他鋁罐、鐵罐等一部分給慈濟，有一部分學校自己賣。學校自己賣的

洪妙禎在大鵬國小擔任衛生組長期間，推動廚餘有機堆肥，教導學生在有機菜園中栽種蔬菜。經過一段時間的照顧，再讓學生親手採收，真實感受有機堆肥的妙用。（圖片／洪妙禎提供）

錢，回饋給班級當班費，讓孩子有成就感。部分捐給慈濟，學生也有造福的機會。

我透過會議把我的想法、作法，在會議中報告，經過老師的同意，我們一起來推。學校的老師配合度非常高，不管是校長、主任、老師、愛心媽媽，心念都是一致的，推動起來很順暢。

我陸續蒐集了〈人人做環保〉、〈一個乾淨的地球〉等十幾首由兒童唱的慈濟環保歌曲，適合小孩子，而且完全沒有宗教意味。我請慈濟志工何敏宗師兄幫我燒成一片CD。當資源回收時間一到我們就放這片CD，一首接著一首。一開始由工友播，後來就換學校小義工去播，時間到他們就去播。大家聽到這個音樂就知道要回收了，開始搬出回收資源，送到回收教室，現在學校還在用這些音樂。

四十幾個學生組成的環保小義工隊，三個人一組，也製作吊牌識別。有的組檢查各班送來的回收物有沒有分類好，如果沒有，請他們帶回去重新分類再來，我們把關得很緊，其中有一組專門壓鐵罐、鋁罐等。我們學校的小義工非常棒，他們都有各自承擔的責任。

我擔任衛生組長時，擔負起學校衛生與清潔的維持。我依照年級分配工作，一年級到六年級都有各自的責任，包括回收教室有沒有做好分類？教室的垃圾桶有沒有清潔好？廁所乾淨嗎？我都設計好表格，讓小義工隊

慈濟結合臺中市北屯區大德里社區志工掃街活動，洪妙禎（中）在現場說明並示範環保資源回收分類，期望環境會更好。（圖片／洪妙禎提供）

去檢查蓋章。

舊宿舍開闢有機堆肥場

環境教育除了著重垃圾減量之外，我到市場買菜時發現很多一堆一堆的菜葉，想起小時候住家四合院左側荔枝園旁的垃圾堆。我想，這些菜葉就這樣堆成垃圾太可惜了，應該把它回歸大地，做成有機堆肥，就可以不用倒給垃圾車增加負擔。於是我買一套三本介紹堆肥的書，開始研究堆肥怎麼做，打算利用菜葉果皮做有機堆

2012年11月17日臺中市北屯區社區親子成長班參訪大德環保站，洪妙禎為小朋友示範如何整理塑膠桶。（攝影／李威德）

肥，讓垃圾更減量。

我當衛生組長期間，環保局舉辦的研習活動我一定會參加。我曾經到北屯區長生巷拜訪一位林先生，他是接受環保局委託培養菌種及有機肥料，之後我就開始在學校空地做有機堆肥。

1994年左右，學校有一間沒在使用的校長舊宿舍，約二十坪。校長辜泰洲（任期1996-2000年）知道我要做有機堆肥，就請人來拆除，清理瓦礫、水泥塊成為空地。因為它是建築用地，一開始不太適合使用，所以載來一些土並挖鬆土壤。我請校長幫我們以磚塊圍成約四坪大的四方形矮牆，就是學校的有機堆肥場。

有機堆肥法有好幾種方式，學校用了其中三種方法，分別是露天的、有菌種的，另外一種是環保署給空桶子，將菜渣、水果皮一直丟進去。剛開始我做菌種堆肥，只要我請工友去臺中市農會拿菌種，環保局就會幫學校出錢。

環保署的人知道我在做有機堆肥，問我要不要做不用菌種的堆肥法，我答應了，反正學校有機堆肥場空間不小，所以送給學校一大一小兩個桶子。桶子有蓋子沒有底，一定要放在土地上，桶面可以整片打開，只要把菜葉等倒進去就能自然腐爛，腐爛的肥水直接流到泥土裡。不同時候倒入的菜葉會分成幾層，我通常從最下層腐爛比較久的堆肥挖出來，上面沒有腐爛的會自然沉下去，再把桶面關起來。當沒有菌種的時候，我就使用它，反正兩種都做就對了。

另外一種是露天的堆肥法，校園裡掃下來的樹葉，譬如黑板樹、榕樹等葉子放在堆肥場的空地上，不能放入桶子裡，因為樹葉比較乾，比較不容易腐爛，我以露天方式堆肥，讓它自然腐敗。

逐班教育有機堆肥法

有機堆肥場圍牆外放四、五個桶子，裡面角落放兩個

2016年8月15日臺中市北屯區四張犁國中師生，前往大德環保站進行暑期多元課程，學習分類資源回收物並實際體驗做環保。洪妙禎（右）為同學們介紹各種環保回收的種類及辨識方式。（攝影／林長德）

洪妙禎（右二）在大德環保站，為進行暑期多元學習課程的臺中市北屯區四張犁國中師生介紹「環保十指口訣」，說明回收物如何分類。（攝影／林長德）

需要菌種堆肥的桶子，一進來場內就是露天堆肥區。場內有搭一間工具室，放置有機堆肥勺子、菌種、砧板及刀子等。菜葉、果皮有安排一組小義工負責切碎準備堆肥。

我擔任衛生組長，授課堂數比較少，只教自然科。我利用沒有課的時間，全校一班一班地安排學生到有機堆肥場來。我實在太感恩學校的老師了，配合度百分百，只要我事先安排通知他們，每個班級都會按照時間帶過來，我一班一班地教有機堆肥的做法，所以全校的每個孩子都知道有機堆肥怎麼做。

我還強調有機堆肥場只接受自然的東西，像菜葉、果皮、樹葉，不是自然的東西完全不接受，例如免洗筷的塑膠套、塑膠袋、飲料杯通通不准拿進來。我知道一定有一些隨便掃一掃，便宜行事就拿過來，所以排定環保小義工守著並逐一檢查，徹底分類清楚；如果被檢查到就扣分。我們把關得很嚴謹，因此，有機堆肥很紮實地在每個孩子的心裡。

剩下約十六坪的空地開始改良土質，開闢成有機菜園，分成一區、一區給各班級認養，由學生來照顧，讓孩子實際去體驗。當需要翻土重新種植的時候，可以來挖經過有機堆肥的土壤，與原來的土一起和一和，每班都弄得很漂亮。他們可以隨時取用有機堆肥液澆菜，也可以使用堆肥液掃廁所。

有機菜園是學校上自然課最好的生態園，可以讓學生在那邊找小蟲、蝴蝶，並記錄各有幾隻，就像我童年的感覺，那是很重要的環境教育。這就是我的成果。澎湖中學到我們學校參觀有機菜園，了解堆肥的過程，把我們的方法帶回學校。

接著環保局與環保署就來評鑑，學校最大的負擔就是接受評鑑，臺中市環境保護局肯定我們學校所做的，也因此在眾多學校中大鵬國小脱穎而出，所以臺中市環保局找我到各機關學校說明怎麼分類，我也成為環保義工。

接著在1997年學校榮獲中央環境保護署的獎勵，分別獲頒全國推動環境教育與資源回收，不論個人與團體均獲得第一名等四個獎項，我還跟李登輝總統握過手，他還送我一個總統府的紀念花瓶，接著又陸續得過能源教育優等獎及第一屆教學卓越獎。

垃圾減量才能治本

2004年我退休離開大鵬國小，學校的環保義工隊仍然繼續做資源回收與分類，大愛電視臺還曾經來採訪大鵬國小的有機堆肥。學校一直做到2018年臺中市政府第十四期美和庄市地重劃徵收了中平路，導致校門往裡面縮，學校的有機堆肥菜園也因此被擠壓就沒了。

2019年4月11日，洪妙禎在臺中世界花卉博覽會「大愛環保科技人文館」，為參訪的二十位海巡署人員講解身後「水立方」的設計理念，藉此強調惜水的重要。（攝影／陳素蘭）

我在學校推廣有機堆肥時，另外也在松竹路旁租了一塊地做有機堆肥和有機農園。現在我雖然從學校退休，但環保生活仍是我的日常，我時常到我的有機農園，看看所栽種的菜。

一路走來，不論是推廣資源回收還是有機堆肥，我堅持的目標都是要讓垃圾減量，而且我堅持要從小做起，成為孩子們的生活習慣與態度，這樣才能跟著他們一輩子。

我很慶幸還好有這樣一步一步地踏實做，否則學校營養午餐一天的菜葉約有兩大籃，蛋殼也很多，都是整桶，加上校園裡的樹葉都是很大宗的垃圾，不能丟給垃圾車，一定要拿到有機堆肥場來，全部當成有機堆肥，作為土壤改良。如果都拿去垃圾車，再加上民間市場的菜葉，那會有多少？也不是去圍堵垃圾車，抗議垃圾場不要設在我家，就能解決垃圾的問題。我只要想到這樣，心裡就感到很安慰。

---

1 臺中縣、市於2010年12月25日合併升格為直轄市，神岡鄉隨之改制為神岡區。

2 護國清涼寺開山長老煮雲和尚，所倡導實踐之精進佛七與一般佛七不同，不但念佛香數較普通佛七多，其參加者在每支香之間休息的二十分鐘，必須善用時間拜佛來達成每日禮佛至少一千拜的規定。主要是藉由奮力將自身的體能及專注力推向極限來體驗忘卻身心、萬念俱消的寂靜。精進佛七全程禁語，不打招呼、不比手畫腳、不紙筆交談，只有佛號。煮雲和尚強調佛七當中必須大聲唸佛，為不讓一絲妄念趁虛而入，應當全神貫注地把這四字牢牢捉住，聲嘶力竭喊出對極樂世界的嚮往。再者，要求大眾過午不食，大部分的參加者吃不好也睡不足。除了飽受身體疼痛及舊疾之苦，還得無止境地鞭策自己念佛拜佛，沒有一分鐘得以鬆懈，這種辛苦非一般人能忍受，但幾乎是第四天開始，每個人的臉上總洋溢著打從心底發出的喜悅。資料來源：〈精進佛七簡介〉，護國清涼寺臉書粉專（2018年6月15日）。https://pse.is/utbm2（2020年9月29日檢索）

3 1986年3月10日，慈濟臺中分會成立，設址臺中市民權路314巷2號，佔地一百八十餘坪，係一座日式建築。因會務發展需要，於1990年12月7日拆除擴建。2013年9月1日，分會遷至文心南路臺中靜思堂，民權路舊址於2018年5月24日更名為「慈濟民權聯絡處」。資料來源：慈濟年表資料庫。

4　中壢在1980、1990年代，有三、四次的垃圾大戰，因為過去垃圾都是放在沒有人居住的地方，比方說山邊和河邊。所以政府有300處的垃圾場，幾乎有四分之一都在河邊、山邊，但是人口愈來愈多的時候，擠壓到原本堆置垃圾的土地空間，居住在垃圾場附近的民眾就包圍垃圾場，不讓垃圾車進出清運垃圾，造成家庭垃圾堆積在馬路上，中壢甚至有47天的垃圾沒有清運。資料來源：〈前言〉，《中華民國重大環境事件彙編》（2011年11月），頁7。

5　臺中市自88年7月1日起實施垃圾強制分類，請民眾排出垃圾時，分為「資源」、「廚餘」及「一般垃圾」三類，交由資源回收車與清潔車清運回收，亦可透過回收商或販賣業者逆向回收。資料來源：〈認識資源回收〉，《家庭垃圾完全分類手冊》（2009年6月），頁2。

有法味的環保

曾欽瑞訪談紀錄

人的一生，不可能無苦；但內心訓練有素的人，苦不會久藏。

————曾欽瑞

◎訪談：林玲悧
◎記錄：林玲悧、江惠君
◎日期・地點：2010年・黎明新村曾欽瑞家
2020年2月21日・黎明新村曾欽瑞家
2020年5月13日・黎明新村曾欽瑞家
2020年7月20日・黎明新村曾欽瑞家
2020年7月31日・黎明新村曾欽瑞家

【簡歷】
曾欽瑞和太太皆任職於水利局，育有二女一男，住在黎明新村。早期皈依印順導師，認同「人間佛教」的理念。1998年，夫妻兩人同時受證慈濟委員，在訪視、環保、帶筆耕隊的過程中體驗佛法，直至今日，都未停下腳步。

1939年（民國28年），我在屏東出生，家裡八個兄弟姊妹中，我排行老大。爸爸沒有讀很多的書，但是很重視子女的教育，會去跟老師說：「不會讀，用打的不要緊。」所以我沒有補習過，就考上初中。

高中考上省立臺南高工（現為國立臺南高工），後來轉學到高雄工業職業學校（現為高雄高級工業職業學校）。鄰居同學家裡是開營造廠，他念土木工程，我也跟著去念土木科。但是那時候我的老師不贊成，他說：「你要念電機才是，讀什麼土木呢？」我還沒服兵役就通過就業考試丙等特考，1959年退伍，分發到臺灣省水利局，工作地點在高雄岡山。

1963年為白河水庫業務被調派到臺南縣新營市白河鎮（現為臺南市白河區）服務，認識同事莊雪，兩年後結婚，婚後育有二女一男。1973年隨業務調動到臺中的「干城」（現為干城商業區）[1]上班，黎明新村[2]於1975年完工落成後，我們就在此落腳，一直住到現在（2020年）。

生死大哉問

屏東東山寺離我家很近，讀初中的時候，我常去那裡玩，和寺裡的老和尚時有交談。老和尚會算命，他跟我說：「你的命跟韓信差不多。」我想韓信早死，因為太炫耀，功高震主引起猜忌，被皇帝給害死。我問老和尚：「那我會早死嗎？」他也沒有說什麼。從那時候開始，我開始認真思考「死亡」這件事。

以為自己會早死，我開始思考「要怎麼活下去」。小的時候，農曆七月普度，我很喜歡看廟會裡地獄、十界[3]、閻羅王等布置，慢慢地我覺得，我應當要找宗教來信仰。我開始上班以後，個性很強硬，可以說是貢高我慢等種種習氣都有，別人說話我不太聽，但是對宗教就是有很濃厚的興趣。

1983年，我因為肝病住院治療，無意中在一本《佛教旬刊》上看見一段《法華經》的經文：「諸佛世尊，欲令眾生開佛知見，使得清淨故，出現於世；欲示眾生佛之知見故，出現於世；欲令眾生悟佛知見故，出現於世；欲令眾生入佛知見道故，出現於世。舍利弗！是為諸佛以一大事因緣故，出現於世。」

究竟「一大事因緣」指的是什麼事？引起我的好奇，我因此開始涉獵佛教書籍，有了想「學佛」的念頭。

吃素的因緣

1987年農曆9月，媽媽診斷出得了巴金森氏症[4]，我決定為她吃素。本來打算吃一個月就好，但這段期間我出差到高雄美濃，找不到素食館，只好走進一家賣米苔目的店，詢問店家能不能提供素食。老闆說：「我們沒有賣素食。」我說：「你就把豆腐、豆芽菜用水煮一煮就好了。」老闆可能是想光豆腐、豆芽菜怎麼配飯！他就拌入肉湯。我一吃，就問老闆：「你用肉燥是嗎？」老闆就說：「我沒有放肉，只拌湯汁。」

一個月後，我問媽媽：「你有比較好些嗎？」媽媽跟

1991年11月11日，慈濟中區筆耕隊成立兩周年，曾欽瑞（右一）感恩筆耕隊成員的付出。（圖片／臺中文史組提供）

我說：「沒有，一樣。」聽她這麼說，本來只要吃素一個月，就再延長一個月。這期間我到桃園出差，因為地方不熟，很難找到素食館用餐。當時我心裡就想，如果這條巷子走完，再找不到素食，我就要來吃葷了。

結果找到一家兼賣素食的小餐館，有前車之鑑，我跟老闆說：「一碗素麵，一盤豆腐，只要加醬油就行了。」老闆回答：「這樣你吃得下嗎？」吃完，我問老闆說：「你煮麵的湯是什麼湯？」老闆回答：「這是熬大骨的湯。」

臺灣有句俗語，有一就有二，有二就有三，我決定再吃一個月。到了第三個月，根本不覺得自己在吃素，我也沒有特別去注意媽媽的病到底怎麼樣了。有一天，我回家，看見媽媽狀況好很多，手也比較不抖了。我就問她：「什麼時候開始不會抖？」她說：「大概是（農曆）過年的時候吧！」

媽媽為什麼生這個病，醫生找不到原因，以自己的宗教信仰來思考，我認為這是業障病。辦桌做總舖師[5]是父母謀生的方法，宰殺生靈，成為餐桌上的美食，我無法教他們不要再做這行業，只有自己先戒葷食，想減輕殺業。

父親有他的民俗信仰，在屏東一間媽祖廟裡當監察委員。他用信眾的香油錢做制服，我跟他說：「你若當監察委員，要守規矩，不可以隨便花信眾的錢，這樣是造業的。」他聽不進去。但在那個窮困的年代，父親也會私底下拿錢買一些物資，布施給有需要的人。

學佛的旅程

一般在家眾[6]參加法會時會取一個法名[7]，表明是佛弟子。1987年，我要參加佛七，需要有一個法名，而法名要師父才能給。我的同事蔡義發說：「走，我帶你去皈依。」就帶我去臺北慧日講堂皈依印順導師[8]，法名宏欽。

蔡義發又跟我說：「你應該要請導師的著作回家看。」當天，就在臺北火車站附近重慶南路的佛光出版社請購了一套《妙雲集》，共二十四本回家研讀。

印順導師晚年常駐錫在臺中太平的華雨精舍，我常帶著問題去請教，後來自己帶佛法讀書會，也常帶他們去親近導師。印順導師提醒我，帶大家深入經藏很好，更重要是「做」的功夫。

我帶讀書會常跟大家分享，佛來世間一大事因緣是什麼？開佛的知見，示佛的知見，教眾生知道每個人都有清淨的本性，都能成佛。但是，「悟、入」在我們自己， 就好像有一個古井，我們看到裡面有水，看到了，還要親自喝到才算。光是專研佛學理論是不夠的，做慈濟，事情很多，能夠不起煩惱，事理相應，才是走在成佛的道路上。

被「拐」進慈濟

1987年，我和蔡義發一起到花蓮出差，因為三七埔，也就是一般人稱的北埔圳，要進行整修工程，從泥土溝擴建成水泥圳溝，所以要做實地勘察。北埔圳的水源是三棧溪，沿途灌溉包括秀林鄉及新城鄉內的幾個平地村農田，其中一段是沿著靜思精舍北邊流過。

過程中，我們見到一座樸素莊嚴的白色寺院，靜謐中看到不少人正忙於農事。我向同行的花蓮縣政府張技士說：「這精舍的住持一定是風雅超俗的出家人，這裡是我所嚮往的淨地。」

那時候我不知道那就是靜思精舍，更不知道創辦人證嚴法師是誰，記憶中現在精舍大殿前Logo的位置，當時是鋪設碎石子，很有禪意，不像現在是連鎖磚。

我們一走進去，上人恰巧從屋內走出來，他看到我們就很親切地招呼我們，問我們來這裡做什麼。我說：「來看三七埔。」上人說：「政府這麼有錢，工程要做好一點。」我反駁他說：「政府哪有錢？錢都是國家的外匯存底。」

上人說：「外匯存底都可以拿來用。」我說：「師父你有所不知，外匯存底是臺灣和外國人做生意，存在外國的錢。外匯存底是用來要跟外國買機器、買武器用的。」上人說：「那是你說的，都是可以用的。」我和上人爭論半天，上人就說：「有空再回來玩，我還有事要出去了。」

回臺中後，隔了好一陣子，蔡義發告訴我有一位法師經常在民權路上的一處道場開示《四十二章經》，邀我同去聽經。當時那裡是慈濟臺中分會，還是日式建築，現在已經改名民權聯絡處了[9]。來聽經的人擠得水洩不通，我們好不容易才找到位子坐定，靜待法師升座講經。

2007年曾欽瑞（左一）受邀帶領社區讀書會導讀《大乘起信論講記》。（攝影／鄧和男）

每次讀書會圓滿後，曾欽瑞帶領成員向佛陀問訊告假。（攝影／林玲俐）

看到法師的臉時，我和蔡義發都嚇了一跳，那不是在花蓮遇到的師父嗎？這時候才知道他是靜思精舍、慈濟功德會的創辦人證嚴法師。散場時又碰到同住黎明新村的楊素梅，當時楊素梅已經是慈濟委員，有在社區勸募功德款，她的先生是水利局副總工程師賴秋陽，和我感情很好。

雖然一開始我不知道慈濟，不認識上人，但是黎明新村是公務員社區，在第一顆種子郭淑子的帶動下，周圍已經有很多同事和他們的太太陸陸續續成為慈濟的會員。我家師姊[10]莊雪是楊素梅的雞仔子[11]，她每個月在辦公廳募到的錢，會將明細寫在一張紙上，再一併交給楊素梅，楊素梅再登記到自己的募款簿。賴秋陽就說：「你們兩個這樣很麻煩，去受證領自己的募款簿就好了。」

後來，我家師姊拜託我一起去花蓮受證，說了很久，我都不肯。委員受證要繳交照片，期限快到了，我也不想交。後來，楊素梅拜託先生賴秋陽來說服我。賴秋陽說：「你去啦！」我反問他：「你自己怎麼不去？」那時他有兩件事很愛，一是打高爾夫，二是抽菸，他說：「慈濟這麼嚴，不能抽菸。你去跟慈濟說，讓我可以抽菸，我就去。」

我跟我家師姊說：「你知道受證是什麼嗎？好啦！我跟你一起去看一看。」其實，我是怕莊雪太老實會被欺

曾欽瑞深入佛法，除了導讀證嚴上人著作外，也引導大家薰修印順導師的思想體系。（攝影／林玲悧）

侮，所以我是要去保護她，沒有要受證的意思。

1989年我跟著要受證的志工回花蓮，由李朝森帶隊，臺中出發，到花蓮時已經下午了。車子開到現在的精舍街，我們下車後就用跑的進到到精舍。那時別區的志工都受證完了，上人在那裡等，等臺中這一群。

我一直說，受證以後我只要在幕後，但是，李朝森在回程的火車上說：「來！來！大家一起出錢做基金。」錢收完了才說：「剛剛收錢的的就是委員聯誼金。」所以，我是一步一步地被「拐」進慈濟。

回來後，我對做訪視很有興趣，我第一個個案住在東海大學附近的蔗廍。走進個案家，發現地上都是蛆，再往上看，原來是桌上的豆腐生蟲，多到掉在地上。這種環境要如何住？東西如何吃？我看了都快吐出來，那天中午沒法吃飯。

但是我看訪視，不會做到被慈悲綁架。年紀大的，你叫他去找工作，不可能；生病的，叫他去找工作，不可能，這種的當然要補助。不該給的，絕對不給，我會勸他：「你要自力更生，你去洗碗，賺三餐沒問題。給你的錢不是我的，是有愛心人士捐的，你拿了這些錢對你是不利的，因為都有因果。你拿這些錢，對你來講，你是欠人家的，所以，要生存，你要自己想辦法。」

去個案的家，看個案還在抽菸，我說：「你怎麼還在抽菸？我們錢給你，不是要讓你去抽菸，是要給你補營養的。你可以把買菸的錢，換去買香蕉，就是增加你的體力，也是增加你的營養。」所以，我會跟他們講因果，但是莊雪或同去的志工都會說：「你不要那麼死板，你講那些因果，他們聽不下去。」

委員除了要看個案，接下來就是做勸募。我做勸募也很認真，會員有兩百多個，多半是辦公室的同事。每次和朋友聚會，一見面，我就說：「來，來，交錢！」身邊有五、六個好朋友他們會說：「被你看到，就是要跟我們要錢，又沒有保佑我打麻將會贏。」，其實他們是開玩笑，心裡還是認同的。

環保志工廖春華提供家裡客廳開讀書會，一開始是為提升慈濟委員書寫訪視個案的能力，後來也有許多環保志工加入。（圖片／廖春華提供）

筆耕隊 荷擔法藏

1989年10月15號，慈濟成立全臺「慈訊筆耕隊（筆耕隊）[12]」，要透過各地志工記錄社區活動訊息及美善故事。因為是李朝森、李慎真回去開會，中區筆耕隊就由他們兩個當隊長與總幹事。但是，李朝森是慈誠隊隊長，沒空參加筆耕隊活動，慈濟委員郭淑子跟我說：「你們都是拿筆寫文章的人，來捧場一下。」

1990年上人行腳臺中分會（現為民權聯絡處），與中區筆耕隊成員座談，期勉人人發揮文字般若的功能。很

1990年，簡素絹把四處收集而來的回收物堆放自家庭院裡，成為黎明新村中推動慈濟環保的第一個定點。（攝影／張廷旭）

多志工寧願拿鍋鏟做香積，也不願拿筆寫文章，因此，筆耕隊成員很難招募；但是，願意來寫的人寫出來的又像記流水帳一般。當時慈濟文化中心副執行長王端正也隨師到臺中分會，他說：「你們寫這些文章好像是菜市場賣菜的，十元的菜是一格，五元的菜也是一格，哪有人寫這樣。」

上人疼惜筆耕志工，在一旁接著說：「這樣對！他們這樣寫是對的，他們寫一寫後，再交給你們負責，你們就有素材了。」上人也強調：「慈濟文章不在華麗的詞藻，重要的是要真實把慈濟長情大愛事蹟如實記錄下來。」在上人的鼓勵下，筆耕志工更堅定了為慈濟記錄歷史的使命。

我參加筆耕隊時，主要由劉阿照和我在處理事情，到了1992年她忙於中區教聯會事務，就跟我說：「我一個人不能兼兩樣，你來接筆耕隊隊長。」

為了帶動志工們寫稿，我到書局購買新聞撰寫專業書籍，自我充實採訪及撰稿能力，並與一群學校老師如林秀芳、紀香鈴、沈金燕、吳惠貞等人編輯一冊「筆耕隊寫作範本」，從導言、內容、結尾等，共有十四種文稿範例，增加志工對寫作的信心。

我跟他們說，慈濟的文稿不同於一般新聞雜誌，你們不要寫一般的文章，一點佛法都沒有。而且寫文稿的人心中有法才能提起使命感，用心投入筆耕記錄工作。中區筆耕隊每週六定期共修，大家圍坐在一起，透過文稿賞析，讓寫的人分享參與活動或人物採訪中的感想。當時，大家的文稿如果能刊在《慈濟道侶》[13]上面，就覺得深受鼓舞。

為了提升大家寫作的信心，我們在臺中分會一樓布置一處「筆耕園地」專欄，挑選當月文稿及照片，打字排版後貼在專欄上，吸引許多人的目光。有一次，上人行腳到臺中分會時，還曾讚賞「臺中分會牆壁會説話」。

1997年中區功能組整編，將筆耕隊、攝影組、美工組，整合成立文宣組，由筆耕隊成員林珮華接任組長，

黎明新村是位於臺中市南屯區的官方社區，作為當時省府員工住宅及辦公區。中正堂為黎明新村內作為集會、表演用的重要建築物。（攝影／張廷旭）

在社區安全的考量下，簡素絹將回收物整理場地從自家遷至這棵大樹下，經歲月洗禮，社區人車都變多了，不復當年空曠的景象。（攝影／張廷旭）

江美芳、尤麗卿擔任副組長，是現在人文真善美[14]這個功能組的前身。

讀書會 佛法淨心

我在筆耕隊的共修中，安排一小時導讀上人《三十七道品》、《四十二章經》、《佛遺教經》與《證嚴法師說故事》等書，讓大家浸潤在法水中。筆耕隊的文字共修慢慢演變成讀書會的形式，固定在臺中分會舉行。後來應魏幸茹邀約，到海線后里為那裡的筆耕隊員再開一班。

慈濟委員陳秀鷹等人想要讀經，需有人導讀，又增加一班佛法讀書會，專門研讀印順導師的思想。委員們看訪視，但是訪視紀錄寫得不到位，內容千篇一律，都是寫：我今天出門，巷子左轉右彎……我覺得寫這個有什麼用？你要直接說，看的案子是什麼情形，為什麼需要協助？所以，2005年，在廖春華的家中再開一班。

廖春華是當時慈濟南屯區的環保幹事，這個班吸引很多環保志工參加。她很會招呼人，把環保站經營得像個家一樣。她是女眾中少數會開手排環保車的女眾，環保做得虎虎生風。因為讀書會的因緣，我才知道她是重度憂鬱。

「我的心是煩惱多，還是佛號多呢？」心情陷入谷底

1993年，曾欽瑞與同事洽商，在一塊零星公有地上設立約五、六坪大的環保站，直至1996年才因火災意外撤站，現已成為社區停車場的一部分。（攝影／張廷旭）

黎明社區博愛國宅環保站，有臺灣欒樹可遮陽。（攝影／廖淑美）

時，她用佛號讓心情平復。有人介紹她來做環保，看著老菩薩們認真做環保的模樣，她告訴自己：「時時保持單純的心，就會快樂了！」但是，一回到家裡，心中雜念依舊不斷。

「心中雜念，要如何根除？」她在讀書會中發問。我用佛法的角度告訴她身心的苦，都是因緣所生。要了苦，要先認清自己苦的源頭在哪。人的一生，不可能無苦；但內心訓練有素的人，苦不會久長。

二十幾年來，這些班一直持續著。先是海線讀書會，因為我晚上開車視力退化，不得不暫停。去年，身體越來越差，把讀書會移回家裡，到現在都還持續著。我家師姊說，是她們念舊，每個星期來家裡陪我說話。

黎明社區 環保回收先行者

1990年代臺灣經濟起飛，股市上萬點，民間盛行簽賭大家樂，整個社會充斥著功利主義。當年致力於改善社會風氣的吳尊賢基金會舉辦「吳尊賢社會公益講座」，在臺北、臺中，臺南、高雄四地，共舉行七場演講，每場主題都是由證嚴上人親自訂定。

1990年8月23日，證嚴上人在臺中場，新民商工（現改制為新民高中）的演說中，談起剛剛路過的街道上，夜市收攤後，街上卻留下大量垃圾。演講結束，看到大家用雙手熱烈鼓掌，上人說：「臺灣應該是一個淨土，你說如果有心要來將它整頓，一定可以整頓得比現在更美，但是這需要很多人的力量。諸位，你們可以用鼓掌的雙手，就可以做什麼？垃圾分類，對不對？我希望我們大家，共同來一個呼籲，要如何呼籲？呼籲消滅垃圾的推動。」

上人一句輕輕的呼籲，住在臺中豐原的楊順苓小姐隨即起而行動，在鄰里之間推動「資源回收」。第二個月，上人再來臺中，把這個事蹟當眾披露之後，簡素絹聽見了，馬上行動。她也是我水利局的同事，開始從左鄰右舍和辦公室回收廢紙，堆放在自己家裡的矮牆內。楊素梅、莊雪、李味等師姊陸續跟進，各自將回收物送到簡素絹家裡集中。

1991年5月14日，上人應政府單位邀請至黎明新村中正堂演講，上人明白開示：「諸位，我想，要從哪裡開始提倡呢？黎明新村是我要推動的第一站，我們大家共同來做資源回收，把垃圾變黃金。」黎明新村位於臺中市南屯區，當時村內是臺灣省政府水利局、地政處及環保處等省府機關及員工宿舍所在地。村裡住了一千三百多戶人家，慈濟志工加上慈濟會員有九百多戶，占了全村約七成，所以上人曾經稱這裡為慈濟村。

簡素絹家的這些回收物累積到一定數量，就用機車載去資源回收場賣。鄰居礙於情面不好意思反對，屢次在

臺中市南屯區大業環保站用地提供人何張笑阿嬤（左一）參加慈濟活動。（攝影／王建忠）

聊天中，暗示她們心中的疑慮：「如果小孩在巷子玩火，一不注意怎麼辦？」

鄰居的顧慮確實合情理，搬到社區零星公有地的大樹下設點，又被對面鄰居說：「這樣子有礙觀瞻，又很髒。」只好再搬移位置[15]。村裡零星公有地雖然很多，但是都被佔用著。1993年我跟一位同事洽商，請他讓出一小塊供我們做回收站，他很爽快就答應了，終於有一塊約五、六坪大的回收站。

這是黎明新村第一代環保站，回收的東西不單是紙類而已，廢鐵、電視、冰箱、彈簧床等，凡古物商可收買

何榮森投入慈濟後，承擔南屯區慈誠隊長。每逢大業環保站環保日，一定親自煮豆漿招待環保志工。（攝影／林玲悧）

何彩絹（右）歡喜大家來做環保，平時在大業環保站裡巡頭看尾，環保日時一定用心準備餐點，款待來做環保的人。（攝影／林玲悧）

的都列入回收項目。廢紙張直接賣給紙廠，商家自己來載，價錢按古物商收購價格；金屬和廢家電，沙鹿王吉清師兄會來載去賣。

當年黎明新村周邊還沒開發起來，四處都是稻田、草坪。我家師姊莊雪經常一個人在那邊整理，常有錦蛇、老鼠出沒，她最怕蛇，但對回收資源有分深緣，雖然害怕卻仍堅持地做。1996年，紙堆不明原因燒了起來，還出動了消防車來滅火，因此被政府單位禁止而撤站，現在已改建為社區停車場。

三十年了，黎明新村裡的環保站已經數不清幾度遷移了，但不能因為沒有場所，就不做環保，也不能因為價格不好，就不做回收。黎明新村的環保站目前落腳在博愛國宅社區後的大樹下，這是一個三百五十戶的住宅大廈，資源分類的問題，一直令管理委員會困擾不已。目前我家師姊、簡素絹等黎明新村的這些環保志工，每天早上過去整理瓶瓶罐罐分類。紙類容易分類、堆放，方便販售，由國宅社區管理員處理；塑膠容器、寶特瓶就交由慈濟回收。

大業環保站 精華區內做環保

當黎明新村這一群公務員為了做環保而將環保站搬來搬去的時候，何張笑阿嬤推著手推車，在臺中市最精華

2010年3月26日，大業環保站環保志工忙完後，大家一起誠心祈禱，再享用香積志工用心準備的餐點。（攝影／林玲俐）

用餐前，曾欽瑞常拿起麥克風與大家分享環保心法。（攝影／施教岩）

地段七期重劃區裡，到處收集瓦楞紙箱。未重劃前，何張笑阿嬤年輕時，就在這片土地上務農。重劃後，何張笑阿嬤在大業路、惠中路附近保有一大塊土地，由兩個兒子分別持有，阿嬤收集到的紙類就囤放在自家空地上，由廖春華開著環保車來載走。

何張笑阿嬤的女兒何彩絹是慈濟委員，也是慈濟基金會的職工，和媽媽住在空地北邊的房子。1997年年底，何彩絹的爸爸因猛爆性肝炎，才三天醫生即宣告不治。爸爸往生後，有眾多的慈濟人來為爸爸助念。法事圓滿後，哥哥何榮森在爸爸的房間內小睡，卻夢見爸爸回來跟他說：「我往生的時候，有一群人來為我助念，你為什麼沒包紅包給他們？」夢中的何榮森回答說：「他們是慈濟人，不收紅包。」父親說：「這分人情我怎麼還呢？」何榮森夢中回答：「我們兄弟日後來替你還。」

說完，何榮森迷迷糊糊從睡夢中醒來，趕快下樓把夢境告訴兄弟姊妹們。他想，來助念的人那麼多，又都不認識，怎麼去答謝人家？想想最好的辦法就是投入慈濟，才有機會還人家這分情。他跟妹妹（何彩絹）說，往後有助念讓他一起參與，他要以行動償還人情。

在母女兩人的用心促成下，何榮森答應提供家裡一百多坪的空地作為大業環保站[16]。原本在黎明新村做環保的簡素絹、莊雪這批人，全部轉到這裡做環保。慢慢地，這一站變成南屯區回收量最多的一處據點。

臺中市南屯區大業環保站一百多坪土地，由何榮森、何彩絹兄妹提供慈濟無償使用，內部空間依回收物屬性及作業流程等做分區規劃。北邊空地是拆解區，每逢環保日，總是有許多環保志工投入其間，為守護大地資源貢獻一分力量。（攝影／施教岩）

南屯區位於臺中市西南方，屯區範圍寬廣，區內東半部為臺中市的精華地段，西半部則為大肚山臺地的斜坡面。聽見上人呼籲用鼓掌的雙手做環保，大肚山上的春社里、春安里有王先輝在帶動；沿黎明路往市區方向走，楓樹社區也有林桂香等有心人開始投入。大業環保站在七期重劃區正式成立，南屯區已經形成超過一百個環保點組合而成的環保脈絡。

當時南屯的環保幹事廖春華，負責內外動線的調度；何榮森、何彩絹兄妹倆是提供土地的地主，負責在站裡看頭看尾外，更把這個站當成家一樣，用心準備餐點，款待來做環保的人。何彩絹說她小時候這整片地都是田園，每到割稻豐收時，家裡都會準備點心慰勞來幫忙收割的人。大業環保站每星期日都在回收，就是在豐收，因此她也準備溫馨的點心給環保志工。

因緣流轉 初心不變

因緣就是那麼奇妙，何榮森未加入慈濟前是個酒鬼，每喝必醉，不醉不歸。夫妻之間，經常因他喝酒而吵架動武。他說，每次吵架都是他被太太打得鼻青臉腫，事後，他還要寫悔過書向太太具結不會再犯。無論妹妹何彩絹如何規勸，都改不了哥哥嗜酒的習性。

雖然，一開始何榮森常帶著一身酒氣去助念，但他卻

回收點遍布大街小巷，一次兩臺環保車出動，一車載紙類，一車載其他瓶瓶罐罐塑膠類。（攝影／施教岩）

是環保志工中最精進的一位，公餘時間不分晝夜，只要電話通知，馬上出動去回收。他還捐了一部環保車，再加上大家的共襄盛舉，陸陸續續增加到十部環保車。

大業環保站所在的位置是地價最高的七期，每一個禮拜天做環保時熱鬧滾滾，環保志工多達兩百多人。老菩薩守在站裡，負責分類、拆解；有三條路線，分別到南屯區各個回收點載回收物。每一條線由女眾開自己的車，一車四人，搭配一輛環保貨車跟在後面。到各個回收點把回收物帶回環保站分類。

我那時負責開環保車，曬得像黑人。環保車上的回收

臺中市南屯區內大大小小回收點有一百多個點，曾欽瑞（右）等環保志工一個禮拜要跑好幾趟，分別去載回大業環保站分類。（攝影／施教岩）

曾欽瑞堅持各環保點要做到「清淨在源頭」，因為慈濟志工是用身行示教，邀請大家在生活中力行環保，不是在收垃圾。（攝影／施教岩）

物要堆、要捆、要搬，我都做得很到位。環保車堆得高高的，都是紙類，如果不綁緊，邊開邊飛走很危險。要把貨繩捆緊有要領，用手拉住，用全身體重，向後順勢一拉就搞定。女眾裡面，廖春華比較厲害，她也會開手排環保車。

黃俐瑤、張惠君等人是開自己的轎車載志工、載回收物。她們做環保時，帽子、口罩、袖套全副武裝，如果路上遇到熟人，一定認不出她們，因為她們平日是看起來手無縛雞之力的公務員、上班族、插花老師。

《無量義經》說：「性欲無量故，說法無量。」誰說「江山易改，本性難移」，世間沒有不能解決的事，只是沒有找對方法而已。環保站是個療癒身心的地方，何榮森在做慈濟的過程中，酒戒掉了，不跟太太吵架了。廖春華的憂鬱症，透過環保力行，一步步放下內心的煩憂。

2012年，大業環保站因地主所需而熄燈落幕。在沒有環保定點的情形下，廖春華等志工仍然堅持原來的時間，原來的人馬，開著環保車一站一站到各大街小巷回收，不曾間斷。

在大業環保站做環保的阿嬤們居住地緣多在黎明新村一帶，「接下來要去哪裡做環保？」是她們心上共同的失落。2012年9月，位於大肚山臺地斜坡面上的春社環保站成立，這群阿嬤有十幾個人，每個禮拜二和禮拜六

2012年9月，位於大肚山臺地斜坡面上的春社環保站成立，慈濟志工及春社里里長等人為環保站落成揭幕。（攝影／王建忠）

固定轉兩趟公車到春社環保站做環保。因為聲勢浩大，行程固定，連司機都認識她們。

2013年1月，臺中靜思堂啟用，隔年6月，證嚴上人行腳臺中，慈示臺中分會地下一樓西側後段部分空間，可作為環保站使用。住在市區這一帶的環保志工又有地方可做環保了。

菜市場裡的環保站

1998年，我邀約黎明新村內的會員陳娟釵跟著傅耀

黎明新村小康市場的回收站周圍都是住戶，所以志工每次整理完回收物後，就立即打掃、沖洗，不造成鄰居的困擾。（攝影／施教岩）

宗、曾壽山師兄一起做環保，她做出心得和歡喜，就在她家門庭成立了回收站。這是黎明社區內第二代的環保站。這一個站位於黎明新村的小康市場，與早餐店為鄰。每天早上，買菜的人人聲鼎沸，下午兩點半約有三到五位社區志工和二至三位委員前去幫忙分類。

大家不但來做環保，而且還要幫忙帶非資源的垃圾回去丟。因為環保局的清潔工責怪我們搶了他們的「錢」益，所以去丟篩選資源後清出來的垃圾時，志工須承受不友善的口氣和眼神。「丟垃圾」這件事為我們帶來很大的負擔，所以，大家就每人分一小包帶回家，混在家裡的垃圾一起丟，藉此分散清潔工的注意。

回收站周圍都是住戶，我們必須做到，讓他們沒有跟「垃圾」做鄰居的感覺才行，否則他們反對，我們也做不成。所以，當天送來的當天分類，裝箱、裝袋堆放在院子裡，結束後即時打掃、沖洗，看不出有一點髒亂，更別說是油漬痕跡。

鄰居不厭惡我們，還很讚歎我們，不時有攤販會送菜、送點心給志工，他們說：「我們沒有福報跟你們一起工作，以這一點心意表達敬意。」他們虔誠的敬意，令我們感受到走對路，做對事。

黎明里的里長看到我們的回收站做得那麼好，對社區環境的清潔貢獻那麼大，身為里長也該對里民有所交代，在環保局同意與協助下，也成立了一站。結果，沒有里長配合，再加上里民欠缺公德心，把回收站當成垃圾回收點。資源回收就像在垃圾中找資源，分類困難可想而知。

里長來找慈濟志工協助。為了減少垃圾量，延長焚化爐壽命和資源回收的目標，慈濟人是不會推辭的，比較之下，使他不得不佩服慈濟人的合心協力和效率。

珍惜 才會長久

回想1991年5月14日，上人在黎明社區中正堂演講完要離開時，對著黎明社區內的慈濟委員說：「我還會再來。」上人話中隱含著，還會再來檢驗大家推動環保的成績。當年上人在新民商工演講後，志工就在自家設立環保點，蒐集社區內的回收物，再借用公有地成立了第一代的環保站；十五年後，上人在2006年5月20日再次蒞臨社區環保站巡視，看到的是環保已經落地生根，也看到環保志工做環保沒煩惱的清淨心。

環保日，如果我有事沒到，其他人就會做得很快，分一分、掃一掃，就結束回家了。如果我一起做的話，時間就會拖得比較久。因為我覺得做環保，就要做得像樣，報紙一定要摺得整整齊齊再綁起來；紙箱也是一樣，不是用腳踩一踩，丟到卡車上就可以了。禪就是生活，做任何事情都要有規有矩，不可以隨隨便便，馬虎過去。

我自己在水利局上班，臺灣的水情資源我最清楚。水龍頭打開就有水，這樣的便利往往讓人忘記節約。只是滴水得來不易，乾旱時格外珍貴。我在廚房、浴室、廁所裡擺放大大小小的舊水桶，用過的洗米、洗菜和洗手水收集在一旁的水桶，用來沖馬桶、澆菜。浴室內，洗衣機排水除去前幾次肥皂水，洗清、脫水所流出的水也引流至水桶備用。

環保不是要我們拚命撿垃圾，然後在垃圾堆裡找資源去賣，而是要我們打從心裡珍惜資源。我們家的鋁桶與

曾欽瑞做環保不馬虎，報紙一定要摺得整整齊齊再綁起來；紙箱也是一樣，不是用腳踩一踩，丟到卡車上就可以了。（攝影／施教岩）

1965年生的大女兒「同年」，當初師姊用這個桶子幫孩子洗澡，至今還在使用。節約並不是怕花錢，這是落實上人珍惜物命的法。東西壞了就修理，不能修理才換新，不要讓可用的東西太早變成垃圾呀！

發揮良能 分擔如來家業

做環保三十年了，大家都老了。年紀漸增，我的身體越來越不好，黎明新村這群環保菩薩也多半八十幾歲了。疼惜她們熱愛環保不停歇，現在她們不必搭公車

滴水得來不易，乾旱時格外珍貴。曾欽瑞在廚房、浴室、廁所裡擺放大大小小的舊水桶，收集可以二次使用的水。（攝影／施教岩）

曾欽瑞將平日洗菜和洗手水收集起來，用來澆他的菜園。（攝影／施教岩）

了，都有年輕志工專車接送。

去年底（2019年），上人行腳來臺中，和我們這些老志工話家常，我跟上人報告說：「我去看病，不是要醫生延長我的生命。只是期望還有生命時，能夠自理自己的生活，不要依靠別人。生、老、病、死是必然的，沒有什麼好說的；生命的長短也不是醫生可以幫我延長或者縮短。」

我才講三分鐘吧！上人回答大約十幾分鐘左右。其中，我印象最深的是上人跟我說：「生命要有深度、寬度，你知道嗎？」我回說：「知道！」

你有問題問上人，上人回答了，你要用心聽，要去思考，思考以後，若還有問題，你要再提新的問題，而不是在老問題上面轉。如果，你老是問同樣的問題，第二次你再問，上人就看別的地方了。你還不懂得思考你的問題出在哪裡？你再問第三次，上人根本就不會看你了。所以，你要知道上人的三部曲。

現在的人很怕死了以後，來生不知道要做什麼？我也曾經問過印順導師：「我來生還能當人嗎？」印順導師很大聲地回我一聲：「啊？」我馬上就知道印順導師的意思，我心想他是要告訴我：「你來這裡聽我說那麼多的法，你還不知道，你在做什麼？你來生出生在什麼地方？出生在什麼家庭，長得如何，自己要有把握，這是你這一生的業報。」

2019年，曾欽瑞體力逐漸衰退，讀書會改到他的家中舉辦。（攝影／林玲俐）

最近幾年，曾欽瑞的身體狀況漸走下坡，只要沒住院，精神還可以，他的佛法讀書會就繼續開辦下去。（攝影／林玲俐）

我覺得我的福報第一是娶到一個好老婆，還有一個就是學佛。《法華經・法師品第十》經文：「背負曰荷，在肩曰擔；此經法藏是如來全身。讀誦是經者，則為如來肩背上之所負荷、所承擔，乘如是法而來人間開示，令眾生悟入一乘實法。」

我們學佛的人是如來肩背上之所負荷、所承擔。佛陀背得這麼辛苦，我們不能不知不覺。人家問我：「在慈濟，你覺得最值得感恩的是什麼？」我說：「第一個是訪視、還有就是筆耕隊的讀書會，再來就是環保。」一直到現在，我深刻體會上人「來不及」、「來不及」的心聲，雖然痼疾纏身，只要我嘴還能說，筆耕隊讀書會不會停；只要我的腳還能走，環保繼續做。

---

1 干城地名曾變動數次，隨時代的不同而有不同的稱呼，最早的由來乃因早期此地有旱溪流經，石頭累累成堆，昔稱「石頭灘仔」。日治時期，日人設分屯大隊營、憲兵隊、衛戍分院於此，因其部隊稱為干城部隊，因而命名此地為干城，行政區亦稱為「干城町」。光復後改稱「干城營區」。民國六十三年（1974）臺灣省政府將留駐臺北的十三個行政單位遷移此地，改稱「干城辦公室」，省府機構搬離後，原地經重劃改為「干城商業區」，範圍包括今東區之干城、文化、成功、練武等四里，指東以進德路為界，西到雙十路，南抵南京路，北達練武路的範圍。資料來源：〈第二章 臺中市各區文化環境資源調查——歷史與地名沿革〉，《臺中市地方

文化館推動小組計畫——附錄》，頁2-8、2-9。

2 在1950、60年代，受到兩岸關係緊張影響之下，為了分散行政中心在臺北的風險，因此省政府搬遷至中臺灣，陸續開發了中部大片荒地，以容納眾多所屬相關機構的單位，與安置跟著南遷上班的員工及其家屬。占地四十一公頃的黎明新村則是1975年最後一批完工，範圍東至黎明路二段、南至公益路二段、西至龍富路五段、北靠近市政南一路，鄰近七期重劃區。總戶數高達一千三百多戶，居民擁有土地與房屋的產權，避免了未來因應政府土地重劃考量，被迫搬遷、眷舍拆除等困擾。資料來源：臺中市政府觀光旅遊局網站。https://pse.is/vzazp（2020年9月26日檢索）

3 指迷與悟之世界，可分為十種類，即：(一)地獄界，(二)餓鬼界，(三)畜生（傍生）界，(四)修羅界，(五)人間界，(六)天上界，(七)聲聞界，(八)緣覺界，(九)菩薩界，(十)佛界等十界。此中，前六界為凡夫之迷界，亦即六道輪迴之世界。後四界乃聖者之悟界，此即六凡四聖。或九界為因，後一界為果，稱「九因一果」。資料來源：佛光大辭典線上查詢系統。https://pse.is/vvfr6（2020年9月26日檢索）

4 1817年，一位名叫詹姆斯・巴金森（James Parkinson）的英國醫師，他首先發表了一篇文獻，詳細描寫了發生在六位老人身上，一種伴隨著四肢發抖、無力、軀幹駝背、動作緩慢的疾病。後來陸續有人觀察到同樣的病例，因此就把該病命名為巴金森氏症（Parkinsons disease）。此病是一種好發在老年人的退化性神經疾病，根據臺大醫院本身的統計，患者平均發病年齡約為五十八歲。典型的巴金森氏病有三種表現：震顫（手部發抖）、四肢僵直和行動緩慢。資料來源：〈認識巴金森氏症〉，臺大醫院神經部網頁。https://pse.is/w58ty（2020年9月26日檢索）

5 「辦桌（棹）」在文獻上又稱為「辦席」、「設席」，即置辦酒席宴請客人。辦桌是臺灣或閩南民間口語上對該活動較常使用的一種稱法。自清代以來，臺灣漢人宴請客人除了由自家人張羅酒菜外，也盛行委託專業廚師（稱「總鋪」）到家裡包辦製作菜餚，故該詞也常被當作是「雇請廚師到家中舉辦酒席」，以此顯示它和在餐館裡款待客人之宴會型式的不同。辦桌在漢人社會中無疑是一項重要活動，舉凡神誕慶典、婚喪誕日、家屋落成，乃至於聚會聯誼之際，在家中設置酒席宴請親朋好友，常是不可或缺的節目。它既是祭祀或生命禮儀的一部分，也是漢人饋贈制度的一環。參考資料：曾品滄，〈辦桌——清代臺灣的宴會與漢人社會〉，《新史學》，二十一卷四期（2010年12月），頁2。

6 佛法當中的四眾弟子，是指出家男眾的比丘、沙彌，出家女眾的比丘尼、沙彌尼，以及在家居士的優婆塞、優婆夷。在佛法來講，佛性是平等的，所以，四眾弟子都可以修行，乃至於可以成佛。在家修行與出家修行的差別，就像大學裡的教授，有專職教授與客座教授。出家眾將全部的精神、精力、時間都投入在修行裡，投入於自利、利他，所以出家屬於專業修行。在家居士要為事業、家庭、兒女…忙碌，為滿足自己的希望而努力，沒有辦法投入全部精神在修證上。雖然如此，還是可以從日常生活上來落實修行。出家的責任，是弘揚佛法、傳承如來的家業。在家居士雖然也可以弘揚佛法，但以護持佛法、護持三寶為主；從過去到現在，都是如此，兩者的責任不一樣。資料來源：〈開山祖師法語：出家修行與在家修行〉，中臺視界網站。https://pse.is/vu3cr（2020年9月26日檢索）

7 為皈依佛教者所特取之名字。又作法號、法諱、戒名。即僧侶於剃度儀式舉行之後，由師父另取之名字；在家者則於皈依、受戒或葬儀之時授予法名。法名係表示出家或皈依成為釋迦佛之弟子，如「釋某某」之「某某」即為出家法名；同時，在家者則以男女、老少之別，而在法名下附加以居士、信士、大姊、信女、童子、童女等稱呼。資料來源：佛光大辭典線上查詢系統。https://pse.is/vn6dp（2020年9月26日檢索）

8 印順法師（1906年-2005年）為近代中國佛教極具影響的出家法師，又被尊稱為印順導師。臺灣目前好幾個主要佛教道場如佛光山、慈濟功德會和法鼓山所提出的佛教現代化運動皆有受到印順佛學思想之啟發。隨著這些道場的發展，印順所出的「人間佛教」之理念也隨之傳播到世界的各個角落。資料來源：郭捷立，〈釋印順〉，全國宗教資訊網：宗教知識家縣上百科。https://pse.is/thtpv（2020年9月26日檢索）

9 1986年3月10日，慈濟臺中分會成立，設址臺中市民權路314巷2號，佔地一百八十餘坪，係一座日式建築。因會務發展需要，於1990年12月7日拆除擴建。2013年9月1日，分會遷至文心南路臺中靜思堂，民權路舊址於2018年5月24日更名為「慈濟民權聯絡處」。資料來源：慈濟年表資料庫。

10 佛教徒將配偶視為共同修行菩薩道的伴侶，所以稱呼自己的配偶為「同修」，或彼此互稱「我家師兄」和「我家師姊」。

11 從「母雞帶小雞」的意旨演變出的稱呼，即資深志工帶領新進志工推動慈濟志業工作，而他們會彼此以「雞母」、「雞子」互稱。

12 為應《慈濟道侶》改版週刊暨《慈濟月刊》充實內容方案，資訊網之建立與寫作人才之需求；「慈訊筆耕隊」於10月15日上午九時假慈濟功德會本會「靜思精舍」正式宣布成立。「慈訊筆耕隊」除《慈濟月刊》、《慈濟道侶》週刊現有撰述人員外，全省隊員包括：臺北－陳美羿，桃園－楊金雪，新竹－鄭粧，臺中－李慎真、李朝森，臺南－吳達雄、蘇美華，高雄－涂茂興、陳也春，屏東－法明師、陳榮慶，臺東－王齡珠、歐順興，宜蘭－林木溪，埔里－徐瑞宏，澎湖－張莊桂桑、陳有續，美國－李靜念、蔡秀雲，本會－塗美智，臺北分會－林碧珠，慈濟醫院－黃麗蓉、鄧淑卿，慈濟護專－林純霞。資料來源：〈慈訊筆耕隊召義工　發心人士請速入隊〉，《慈濟道侶》，78期（1989年11月6日），第一版。

13　民國75年（1986），專門印行佛教典籍的「普門文庫」捐贈給慈濟，慈濟成立文化中心，同年9月1日創辦《慈濟道侶》半月刊。《慈濟道侶》半月刊發行十七年來，報導全球慈濟志工投入志業的大愛情懷與心地風光，為求內容更加精緻、深度，將自3月16日起併入《慈濟月刊》，從報紙型刊物轉為雜誌型態，更易於傳閱與保存。資料來源：〈《慈濟道侶》半月刊轉型啟事〉，《慈濟道侶》，第432、433期（2004年2月1日），第一版。

14　2003年3月，慈濟將獨立作業的筆耕隊、映聯會、文宣組結合，命名為「文化三合一」。2006年11月，文化三合一更名為「人文真善美」，證嚴上人期許以「真」誠的心，從事「善」良的事蹟，展露人性之「美」的動人故事。資料來源：林如萍彙編，〈全球真善美美精進　行入法脈廣弘宗門〉，《2013年慈濟年鑑》，頁77。

15　黎明新村環保點自大樹下遷走後，改在慈濟志工李味家後方的水溝旁設點，那個地方在公益路打通前，屬於公有的畸零地。

16　1997年10月臺中市南屯區大業環保站成立，土地由地主何榮森無償提供使用；後因地主有其他規劃，於2012年3月底撤站。

事必躬親 建立環保運作模式

黃元杰訪談紀錄

不是回收很多才叫做環保，應該要讓社會大眾一起來重視，共同推動一個乾淨的社會。

——黃元杰

◎訪談：張麗雲
◎記錄：張麗雲、林秀貞、陳香如
◎日期・地點：2019年3月13日・慈濟臺中分會
2019年5月12日
2019年9月5日・LINE補訪
2020年2月22日・慈濟臺中分會

【簡歷】

黃元杰，1957年出生於桃園，手足排行第六，1976年畢業於雲林大成商工學校，原本在桃園大溪百音電子公司上班，後來因車禍造成右眼失明，搬到臺中潭子的大姊家靜養，並改至臺中加工出口區上班。1982年結婚，1993年從環保入慈濟，戒除菸、酒、檳榔；1995年受證為慈誠，推動環保不遺餘力，2000年在證嚴上人期許下，進入慈濟基金會工作，主責中區環保行政業務；2007年開始推廣有機堆肥並持續至今。

1957年我出生於桃園，四歲時，母親遭火車撞及身亡，二姊、三姊送人當養女，我由祖母帶回雲林林內的老家照顧，家中剩下大姊和父親。兩年多後，父親再

2011年4月30日，黃元杰於豐原靜思堂「談防災與應變」講座時分享。（攝影／廖光博）

娶，祖母將我送回桃園，她對父親說：「你現在有人了，孩子自己照顧！」

父親在臺灣鐵路局桃園站當搬運工，收入不豐，又喜結外緣，花費多，我們的生活更加清苦。我常常是有一頓沒一頓的，連衣服也要自己洗，好在社區有很多媽媽幫我，偶爾父親太晚回家，她們會拿飯菜給我吃，還教我如何洗衣服。

積極爭取 努力改變宿命

國小我在桃園就讀，實在受不了毫無溫暖的家庭生活，六年級上學期結束時，我就投靠嫁到臺中潭子的大姊家。大姊很疼我，知道我住在桃園的難處，幫我轉學到潭子，開始半工半讀的生活。我利用假日到農家做小工（打零工），直到1970年上了國中，晚上到鐵工廠做鐵工，假日都要加班，雖然累了點，但心裡滿充實的。

1973年國中畢業後，為了能兼顧讀書、學技能和工作，我到雲林虎尾大成商工（雲林縣私立大成高級商工職業學校）讀建教班[1]，三個月上課，三個月讀書，實習工廠是在桃園大溪百音電子公司，我擔任揚聲器鼓紙抄紙機[2]作業員。遇到機器故障時，請師傅來修理，同學們都跑去玩，只有我留在旁邊看他怎麼修？我還會問師傅：「你為什麼要這麼做？」他不會藏私，什麼都教我。第一次請師傅來修，第二次機器再有故障時，就不用再請他來，我自己會修理了。

1974年，我們第二次要到百音公司實習，遇到石油危機[3]，公司以經濟不景氣為由，表示無法讓我們再到公司實習，沒有工廠可實習，可能要停班。這對我來說非常煩惱，而且我總認為建教合作是根據契約簽訂，豈可因此理由就不讓我們再到公司實習，所以我自己搭車到公司，找人事課長面談。

恰巧人事課長不在，由第四課楊課長代理跟我面談，我陳訴我們建教生的初衷及苦境，希望公司能依契約繼續讓同學們去實習，讓我們不必為此煩惱，遭受停班甚至終止學業。楊課長聽我連串的吐訴後，好言安慰我，也說明當前經濟景氣及公司營運的考量，暫時不得不如此。席中，楊課長與我分享「安於位」的精神態度，請我安心，相信事情會有好轉機。

結束大溪之行回到學校，校長與教務主任立即找我談話，告訴我學校不會將我們停班解散，等百音公司調整好後，會再給我們繼續實習。我們於1975年，第二次到百音公司上班，這次是在設備課當設備員，學習抄紙機模具架設與相關設備的修繕工作。

那年中秋，我們在百音公司實習的同學打算在公司籃球場舉辦聯誼晚會，傍晚在大溪街上採購物品時，發現公司方向的天空不斷冒出黑煙，我第六感覺得是公司發生火警。大溪街上離公司約三公里遠，當時我十八歲，體力正好，就跟著消防車的聲音一路跑，果真是公司發生火警，我立即向警衛借機車騎回宿舍，呼叫同學前往支援。

打火過程中，我主動引導消防員進廠區滅火，還穿上他們的防火衣、戴上頭盔，站在撒水線第一個位置，握住水管領他門進入火場滅火。滅掉主火後，我又召集同學將公司各處的滅火器收集，我拿著滅火器進入廠房消除殘火，一趟一趟、一支再一支地來回滅火。這個過程讓公司總經理看到了，火警過後，公司獎勵我一學期的學雜費。

右眼失明 生命自此轉向

1976年高中畢業後，我回到桃園大溪的百音電子公司上班，直到去當兵。1979年服完兵役我又回去上班，約做了一個半月。9月12日我打電話回家問候父親，父親在電話中說後母已在彌留狀態，問我要不要回去看看她？當晚我騎機車回家見後母最後一面，並為她處理後事。

隔日清晨，我打算回公司處理一些事情，結果在路上遭一輛逆向機車撞上，在醫院昏迷五十幾個小時。醒來時，發現右眼看不見，檢查結果是我右眼視神經已經斷掉，所以失去視力。

出院後，住臺中潭子的大姊要我去她家靜養，我就此留在臺中找工作，後來到潭子臺中加工出口區的三甲電子公司上班。公司做直流小馬達與電子機板零件線圈，我在線圈部擔任外注廠班長，同時四處求治右眼的傷，好幾位醫師診斷後都跟我說右眼要恢復視力的機會很渺茫。

我與同修[4]張碧珠經雙方共同好友介紹相親認識的，我們對彼此印象都不錯，所以1981年8月相親後十五天便訂婚，11月結婚。結婚之初，我依然在加工區上班，非上班時間則是到大姊的滷味攤幫忙。

大姊是1974年開始在菜市場賣滷味小菜，她很有生意頭腦，光是看別攤賣得不錯的貨品，就能依樣料理，而且味道鮮美，不管烤雞、烤鴨、鹽水雞鴨，各色滷味都有，生意非常好。

我下班後，常常利用晚上看公司的資料並整理，直至深夜才休息，因擔心大姊夫年紀大了，而且曾經在載貨途中車禍受傷，所以我凌晨三點起床載大姊到臺中建國市場補貨，一天幾乎只睡三小時。後來乾脆辭職，與內人一起幫大姊賣滷味。

大姊看我們夫妻越來越熟悉滷味生意，建議我們自行創業。1982年10月我們搬家到臺中北屯自立門戶，在家裡做好滷味，再以小貨車載到潭子郊外的潭陽村上邦家園、新田村龍興山莊、聚興村興豐山莊等社區[5]販賣，比較不會影響大姊的生意。因為口味反應不錯，生意高峰時期，這些社區幾乎有百分之八十的住戶，都來買我們的滷味。

投入環保 做通盤規劃

我開著攤車到聚興村興豐山莊的第一站，是慈濟委員朱盧素真的家門口。1991年她主動來跟我說慈濟，募我當會員，我和太太都非常認同慈濟的濟貧行善工作，於是按月繳交功德金。朱盧素真的先生朱良雄一直鼓勵我參加慈濟活動，我因為生意很忙，又創業沒多久，並沒有很積極想參加。

直到1993年因為小舅子夫妻吵架，鬧到要離婚，朱良雄介紹慈濟志工洪武正讓我認識，我請教他有關法律問題。洪師兄很熱誠地為我講解，讓我增加很多法律常識，常常談到晚上十一點多，也未見他有不耐煩的聲色，讓我對慈濟人的熱誠深深折服。因此我為了報答慈濟人的熱心幫助，接受朱良雄的建議，開始參加每週六的資源回收。

我從1993年7月31日開始做環保，而且持續不斷，越做越深入。剛開始做的時候其實沒有什麼環保理想，純粹只是感念慈濟人的熱誠，總覺得吃人一斤，還人四兩，想要有所回報。

記得第一次去做回收時，留了很多汗，通體舒暢的快活感，全身筋絡大開，所以我感覺做資源回收對身體的好處很多，至少是另一種運動，讓身體放鬆，於是每次星期六一到，我就很歡喜，一直持續做下去。

甚至第二次（1993年8月7日）參加後，我給自己最有意義的父親節禮物，就是發願戒除將近二十年的菸酒和檳榔，果真願大力大，過程都很順暢，一路如願。因為參加資源回收，身體舒暢，感覺很踏實，又戒了菸酒、檳榔，太太歡喜我的改變，支持我繼續做下去，增加我持續前行的力量。

第一中隊第一小隊長王萬發師兄看我很務實、很投入做環保，又改掉壞習慣，於是鼓勵我報名參加培訓。我在1993年9月16日報名培訓，1995年1月受證慈誠。

對慈濟有更多了解後，我從最初抱持回報心情做環保，轉為落實社區，確實執行的態度。我希望讓自己接觸到的人都能肯定慈濟資源回收是為了淨化地球，所以在回收定點載運時，如果有旁人好奇詢問為什麼要回收？為什麼叫他們載回收？我不只向他們說明環保的理念，還會進一步邀請對方加入設點，或投入一起做回收。

師兄們看我很積極又熱心，推舉我接北屯的環保窗口。窗口要負責將接觸到的環保訊息，進行規劃，還要負責收取資源回收款繳回臺中分會（現為民權聯絡處）[6]財務組。我接下窗口後，開始做環保回收路線的規劃與執行，每週六回收日之前，先將當週回收的定點列出，作區域街道、類別路線的規劃，並手寫列表。

我做事情開始走第一步的時候，就會推演第一百步會走到哪裡，不會走一步算一步。像規劃環保車路線，絕對不會讓出車志工去跑一趟回來，再問我要去哪一條。

相較之前做完一趟再告知下一趟的做法，我會規劃好全部的路線，讓每個人知道他整個下午要去哪些點做回收，他們就可以拿捏各點停留時間，在作業時顯得更有系統、更順暢，每一條路線回收完成的時間非常接近，而且還可以省掉後端分類整理的時間，準時收工回家休息。

財務方面，從小我就覺得錢的東西，帳目一定要清楚。接環保窗口後，責任心加上向來不差的數學概念，我開始做帳，並設計了一份資源回收統計表，詳列一週回收的種類內容、數量與金額，將每週回收的項目逐一列清楚，連同款項繳回財務組。

初期不會操作電腦，都是以手繪表格來填。我按時繳交精準的資料，建立了慈濟資源回收的精細度與身為窗口的責任制。

建立制度 落實資源分類

1996年4月我受推薦為中區環保組副組長，為了引導並建立中區環保資源回收正確的運作與繳交作業流程，我請各社區將每個月的資源回收項目與款項，統一交給我彙整，之後再繳給財務，一方面建立資源回收款繳交該遵行的事例，一方面以總表讓中區全體環保幹事做徵信。

那時候星期六還得做生意，我利用星期六下午參加回收，星期五我就會事先提醒要提供回收物的會員，請他們將東西集中好；也會詢問有哪些志工能參加隔天的回收工作，先將人力分組和安排環保車路線，當天增加的人手再插入已排定的路線。

每一次的資源回收，都是一場行善的牽引。師姊（女眾志工）走入社區去鼓勵鄉親或會員設置回收定點，如果有人認同，我們會再前往場勘，有的是自家空地，也有的是以學校、公司、工地作為定點，了解設置地點，並指導分類知識。

師姊會將訊息回報給負責開環保車的資源回收隊伍，師兄（男眾志工）去載回收物的時候，每到一個定點都會清楚分類後才將東西搬上車，有時會遇到定點回收分類不確實，甚至沒有分類的情形，增加處理的時間，甚至做到超過晚餐時間還沒辦法收工。

所以，我們也會將定點作為慈濟在社區的宣導點，向周邊住戶分享環保愛地球的觀念和相關訊息，邀約更多人加入行列，引導他們做正確的分類，再將資源載到回收場去賣。如果有一直無法改善的定點，我們就再想其他方式來觸動他的意願。

比如有一處回收點是在門前的廣場空地，每次堆積如山的紙箱都沒拆開放平堆置，師兄必須一一拆開紙箱，再堆到環保車上，每次都花了近一個半鐘頭。我們鍥而不捨地規勸，但一直不見改善，終於有一次，師兄故意將這個定點留到最後才去，約晚間七點多的時候才到，我們還是如常地拆著紙箱，當作沒事。

這定點的志工問我們怎麼這麼晚？吃晚餐了嗎？我回答他：「因為今天有一些定點，沒有分類，多花一些時間整理，所以這個時間才來。」我們將拆完的紙箱堆到車上，開往回收場時已經晚上九點了。經過那次之後，我們下回再去回收時，很驚訝地看到很不一樣的場景，所有的紙箱已經拆好，一疊疊的，堆置得很整齊。

眾志合和 組成環保勁旅

當時慈濟在臺中做環保真的是名聲遠播，北屯這一隊效率甚好，北屯的回收線，人車充足，機動力好，加上我每天中午做完滷味生意後都能投入，每次接到要回收的訊息，都能迅速處理圓滿。

屬於外縣市的，我會聯絡當區的師兄、師姊協助處理，其他的我會依其屬性，排入週六回收，或是機動性地回收，盡量做到圓滿。因為回收效率很好，於是有需要回收的訊息傳回臺中分會，或各地的師兄、師姊有回收的訊息，都會聯絡我去處理。

有些北屯的師兄來做環保，會順便提供自己的車子來載回收物，或是無法參加的師兄，只要用不到車子，也會出借車子給我們使用，還有人自發性地募資購買兩輛環保車，讓資源回收的調度更靈活。那時候曾經最高紀錄，一個星期六下午有十二部車出去載回收，二十三位師兄參與。

漸漸地，要請我們去載回收物的訊息越來越多，像有一些學校、公司要回收，但因上課、上班關係，不方便讓我們星期六去，機動時間也不好安排，後來，我自己又開闢了一個星期五下午的路線，將公司行號和學校的回收定點納入，成立另一條回收動線。

我星期五上午做生意，下午休息，將車上做生意的器具搬下來，就變成載資源的貨車，回來再洗一洗，第二天一樣可以照常做生意。一開始回收成員只有我家同修師姊和我，沒多久，一些時間上允許的師兄也陸續加入。

臺中分會若有接到回收需求的電話就轉給我，有的人會直接打給我，學校與公司方面我們安排星期五去收，星期六則去載其他的點。原先在禮拜五做工作規劃，提前到每週四做回收定點彙整及路線、人員的安排，有幾部車就安排路線分配。每週回收的定點數量不一定，有的每週回收，有的隔週回收，有的一個月一次。

我們收得很廣，從北屯收到太平，最遠收到梧棲港。連太平的師兄也開他們的車過來參加我們的隊伍，到後來，1996年起，一週的回收定點，多達七十幾個地方。

最難忘的是1998年8月，有一次，因為回報需要回收的點增加很多，那天有幾位週六固定會出現的師兄臨時有事，無法來參加，所以所有師兄做到當晚午夜，才全部完成。連續十一個小時的回收，雖然做到都沒時間用餐，身心疲憊，但師兄們臉上仍然綻放著笑容，也加深回收商與定點民眾對於慈濟人「誠」與「信」的肯定。

我從做環保當中領悟證嚴上人推動環保的理念，也學習瞭解資源回收業界的實務，然後融入於回收事務的實務運作，努力在中區環保領域推動，比如：定期舉辦中區環保志工研習，於會中分享資源回收的正確認知與訊息，讓志工都能知行合一。

同時也定期舉辦中區環保幹事研習會，說明環保行政事務範疇，讓環保幹事更熟悉資源回收內容，運作更順暢。有時候因為回收商的營業關係，導致有的地區回收物品受限而無法回收，造成志工在做宣導時，與實務面有很大的落差。我就請幹部多與回收商分享慈濟環保理念，請廠商能做調整，在大家的不斷努力下，達成臺中地區與慈濟合作的回收商，對於志工整理的玻璃瓶罐、鋁箔包的全面回收。

甚至臺中市環保局在1999年9月1日施行垃圾強制分類之前，邀集各環保團體開會說明計畫內容，還請我們於8月1日至3日跟著垃圾車做分類宣導，當時每天出動一百零四位環保志工，在精武路臺中公園側邊對面集合，於清晨四點半隨著垃圾車沿街做垃圾強制分類宣導的任務。

環保局的說明會中，我發現市府環保局文宣上將工業用保麗龍製品歸為有毒廢棄物，於是我向當時的環保局長劉邦裕先生說明：「工業用保麗龍製品是可回收廢棄物，應集中起來送到太平回收工廠。」環保局接受這項建議，公告清潔隊開始收集工業用保麗龍製品，送到太平保麗龍再生工廠[7]。

為守十戒 結束滷味生意

我還沒投入慈濟以前，和太太從事賣葷食的滷味生意，星期六、日都要工作，只有年節才會休假，當時就一直想轉行。受證慈誠後，慈濟志工誓言要守慈濟十戒[8]，第一戒就是「不殺生」，可是為了謀生，也沒有人說我們這樣不好，只是自己做葷食到最後，覺得心虛，心裡怪怪的。

我曾想過：「雖然不是我們自己去結束牠們的生命，但好像是我們在助長那個惡緣！」我跟太太張碧珠討論要換行業，以我們年紀已屆四十，邁入中年要換工作，哪有那麼簡單？學歷無法跟人家比，也沒什麼專長，能從事什麼行業呢？太太給我的條件是：「你能找好另一份工作，我們就來改行！」

1999年9月，我去一間長期合作的資源回收場，我問老闆娘：「你們有缺人嗎？如果你們有缺人，我來應徵！」老闆娘問我：「真的嗎？好啊！」她講一句

「好」，我們就這樣說定了。她問我什麼時候可以上班，我說：「我們滷味要做到9月13日，9月13日後一個禮拜開始上班。」

回到家，我跟太太說要去資源回收場上班，她同意了，所以我們就做到9月13日那一天，結束十八年的滷味生意，準備用一個禮拜的時間處理善後，打算9月21日要去資源回收場上班。

全心救災 工作機會獲保留

我因為職業性質，每天下午都有空，可以投入志工工作的時間比較多，加上精神面與事務運作能力受肯定，1998年我接任中區慈誠第四中隊中隊長，行政區域是臺中市北屯區，慈誠隊員有九十餘位，環保方面我積極培植白萬居師兄接續北屯回收線的回收事務，1999年5月交由他來承擔。

我承擔中區環保組副組長時，環保相關的行政文書都是我在整理，有中區環保每月資源回收狀況、環保回收資料整理、環保宣導資料編輯、對外行政事務，還有每月上人主持的中區組長會議中，向上人報告中區環保的運作狀況等。

在中區環保幹事會議中，我提議開會不要每次都在臺中分會，可以每個月輪流到苗栗、南投、清水或大甲等

1999年九二一地震時，慈濟志工在北屯正覺寺煮熱食，黃元杰（左一）號召慈誠隊的師兄，協助運送熱食到大坑災區。（攝影／林瑋馨）

其他慈濟會所進行，讓各地環保訊息和志工能夠互相交流，獲得各環保幹事共識，開啟各區環保事務交流與分享。

9月20日那一晚，我們還在大甲聯絡處開每個月例行的環保會議。當晚會議結束後，已經快十點了，回臺中的路上，我開車行駛在臺中港路，看到遠方南投的山上現出一片紅光，我覺得很奇怪，這麼晚了，天色怎麼這麼紅？

結果21日凌晨就發生了九二一大地震，所以我就投入安排慈誠隊員協助送熱食，自己也投入配合委員家訪、

1999年在嘉義國立中正大學舉辦的「幸福人生講座」，黃元杰承擔交通動線維護工作。（圖片／黃元杰提供）

發放等工作。一直到慈濟賑災的第一個階段慢慢收尾，即將進入第二階段蓋大愛屋時，也就是十月，我想應該打個電話給老闆娘。

我跟她說對不起，因為忙於救災，才沒有如約去報到。老闆娘是南投人，她在當地看到慈濟志工救災的情形，所以很善解。她跟我說沒關係，位子還為我保留著，我隨時可以去上班。

於是，我開始到資回收場上班，放假時間我一樣投入志工工作。當時中區認養蓋南投埔里信義路的大愛屋，負責人是羅明憲大隊長和顏惠津師兄，專業的部分自然有專業的志工，我就利用假日去工地做小工，哪裡需要，我就到哪裡，但是臺中市復興路戰基處蓋的大愛屋，我就沒有參加了。

職志合一　推清淨在源頭

我不只是做環保就好，我還想環境保護的目標，應該在哪裡？那時候上人每個月初一都會到臺中分會，初三是組長會議，組長會議的時候，我代表中區環保組向上人報告；自1996年開始許榮財師兄是中區的環保組長，他因為上班，能參與的時間比較少，所以農曆每月初三組長會議，多由我代表中區環保組向上人報告環保實務運作狀態與績效。

一開始就是報告志工人數和回收量。慢慢地，因為接觸環保領域多了，自己的思維也漸漸調整——從資源回收實務，體會到要落實慈濟環保，必須要用心引導坊間回收業者共同配合，才能將資源回收展現一致，在社區推動，於是我積極與志工分享環保回收物的循環生命與意義，希望讓大家有共同的信念來力行環保。

後來我跟上人報告，開始加一些環保更深層的資訊。我向上人報告，中區環保志工對於環保的認知，在進行資源回收時，不是著重在可賣多少錢？而是著眼於這個回收可為環境帶來多少好處？我也跟上人分享，環保志

臺中歌德幼稚園參訪臺中分會，黃元杰以環保資源回收看板，讓小朋友了解如何做環保和分類。（攝影／廖光博）

工為消除慈濟環保理念與資源回收商實務的差異，一直在努力地推廣，希望觀念與實務能一致。

我最記得有一次，我除了報告中區環保回收的量和項目以外，還分享了一些環保志工於社區身體力行環保的事例。上人聽了很高興地說，「你們現在的環保越做越有人文了喔！」

2000年5月，有一次我在臺中分會的夾層[9]跟上人報告完後，上人突然說：「與其你在外面幫人家做環保，倒不如進來做自己的環保。」那時候（慈濟）基金會宗教處還沒有外派的編制，所以我是編列在總務處底下，除了總務工作，主要是慈濟中區的環保行政事務，做的事情範圍雖然比較寬，但每一時刻，我都感到非常地充實。

雖然我是職工身分，但是都是利用下班後自己的時間去運作，晚上六點下班後，經常要開車去埔里、草屯、苗栗、彰化等地區參加環保會議，每天都過得很充實。職工很忙，沒有所謂的休假時間，就是職志合一。

我從當學生開始，接觸到問題時，就會去找答案，有關環保區塊我會去思考，所以陸陸續續寫了一些環保可能遇到的問題和解決方案和環保觀念。2008年我將這些資料整理成冊，成為各區環保幹事辦座談會的素材；潭子的環保幹事傅月嬌師姊就曾經拿我這本環保教育訓練的資料到大陸去分享。

比如當時在現在的民權聯絡處有一場慶生活動，活動後的小紙盤還殘留著蛋糕渣，塑膠刀、小叉子，還有擦拭過的面紙全被丟進一個塑膠袋當垃圾拋棄，我看到後就將塑膠袋內物品倒出逐一分類、清洗，結果是沒有一件真的屬於垃圾。

我將這件事情納入環保幹事教育訓練冊子內，告訴大家這些東西只要事先清洗，一一分類清楚，就不需要事後再來補救。現在的環保站每天有滿滿未分類的回收物，就是前端未做到清淨在源頭的關係。

當時我到各區去辦環保幹事座談會，除了中區，也到大里、臺中港區的清水、沙鹿、梧棲、大甲，還有彰化、苗栗等慈濟分支聯絡處。下班後就是我的志工時間，2008年一整年幾乎都在分享概念，一天排五堂課，含雙向溝通的部分，主要是強調觀念，環保沒有大小之分，反璞歸真就是環保。

2000年進入基金會任職，專責中區環保，針對環保運作，陸續提出相關辦法與策略，並與當時的宗教處王明河組長共擬環保管理辦法、環保車保險辦法頒布與施行，提供環保志工作環保更好的保護與執行，還有如資源回收提報單、環保志工證，環保證編碼和格式也都有我用心的痕跡。

餿水之外的選擇

進到志業體上班後，我一直在思考上人所講的全面環保的執行，不能回收的，當然就是提醒大家少用或不要用；可以回收的盡量回收，包括到社區裡宣導大家要做好回收，讓資源循環持續使用。

至於有機堆肥，就是菜葉果皮這一塊，我一開始想，反正市政府環保局有收，並沒有考慮到他們收了之後的用途，所以就不怎麼在意這一塊。直到有一回，我代表慈濟參加臺中市政府環保局的活動會議，過程中環保局一如既往地稱讚慈濟環保做得很好，但結束後我與一位民間環保團體的先生聊天，他笑笑地對我說：「黃師兄！都說你們慈濟做得很好，但在我看來你們才勉強拿七十分！」

我說：「是嗎？你怎麼會有這種想法？」他說：「環保，真正環保的內容有三種，可以回收、不可以回收與有機廢棄物，可以回收和不可以回收你們都努力在做，但是有機廢棄物從來沒聽你們在講。」其實他們已經在做有機廢棄物這一塊，只是人少，不容易推動。我就笑笑地回他說：「謝謝指教。」但是心裡還是想著反正環保局有收，這個不是我們該煩惱的地方。

又有一次，另一位環保團體的人士也跟我說同樣的問題，我當時真的不當一回事，我還是認為事情只要有人做，不一定都要我們做，而且環保局已經有在收有機廢棄物，基本上應該沒有問題。

民權路的舊分會當時每逢星期六、日的活動很多，累積下來的菜葉果皮都十幾個麻袋以上，環保局清潔車星期一來收的時候，我們也會配合他們，幫忙丟上車。有一回，我突然心血來潮，問一個清潔人員：「阿桑！請教妳，你們這些菜葉果皮收一收都送到哪裡去？」阿桑沒有考慮直接回我一句話：「我們都拿去養豬，給養豬的人拿去做餿水。」

我聽到她這麼說，當下心裡震撼非常大：「慈濟是一個勸素的佛教團體，而我們竟然是給他們菜葉果皮，幫他們去餵豬！」

所以從那一刻開始，想做有機堆肥的念頭在我心裡慢慢萌芽。因為我是職工，基本上我們希望讓志工團隊來推。一開始我也是門外漢，只是有那個念頭，覺得說我們應該要這樣做而已，所以我就開始收集一些關於這方面的知識和做法，然後開始跟我們的環保幹事一直溝通，後來選定在臺中慈濟志業園區中找一個地方，開始做堆肥。

啟動有機堆肥

可是這過程有一點曲折，2005年初，當我們相關計畫已經做好，讓資深的志工代替我們向上人報告：「我們那一塊地要做廚餘的有機堆肥……如何如何做……」可能表達不夠完整，上人說：「煮的東西本來就要吃完，為什麼還要來做這個？還有廚餘？」因為菜葉果皮跟廚餘是兩回事，吃剩的才叫廚餘，我們要做的是剩下來的菜葉果皮，並不是剩菜剩飯，結果這個提案就不了了之。

不過，陸續接到一些師兄、師姊跟我講：「我們有在做環保，那為什麼我們的菜葉果皮還是沒有做處理，還這樣交給清潔車？」我又開始動腦筋，乾脆我自己下去主導好了。

後來，有一位官杏枝小姐，曾經在2005年來上過臺中分會舉辦的環保志工課程。她是臺中市紅螞蟻工作隊[10]廚餘推動小組的成員，住在北屯。她聽師姊講中區的環保都是我在推動，有一次，她找我講：「我們慈濟應該要推有機肥！」我跟她說：「配合推動，我們可以去做，但是如果立個招牌說慈濟有在做有機肥，大家可以拿來的話，對不起，我們消化不了。」

清潔隊員的那一句話一直壓在我心裡，擬定好推動計畫，透過環保幹事會議做說明，凝聚中區環保幹事共同推動有機廢棄物堆肥處理的共識。方向確定後，包括在臺中志業園區廚餘屋的興建，也是透過正常的程序提出申請，因為我們沒有經費，也沒有去募款，透過相關程序申請後，從環保回收款裡提撥出來完成。

會選在臺中志業園區是因為慈濟醫院二期工程正在進行，香積每天留下來的菜葉果皮量很大，清潔隊員來收垃圾時，看到我們那麼多菜葉果皮，有時候臉色都不是很如意，有時候志工若整理得比較不好，他就直接把垃圾從車上丟下來。

官杏枝對有機廢棄物堆肥處理很有經驗，一開始請她來分享堆肥經驗，教我們如何做。2007年初，我也安排中部地區環保幹事兩部遊覽車，去臺北三芝參訪劉力學[11]的有機農場。他是加拿大籍的退休電腦工程師，落籍臺北三芝，只要去三芝問有一個在收「ㄆㄨㄣ」的住哪裡？人人都知道。他自己經營一個有機（臨海）農場。

我們去參訪最主要是讓環保幹事對這方面有一些概念，劉力學帶我們去參觀他的菜園，他做出來的堆肥栽種青菜，還帶我們抓起青菜，現吃給我們看，我們也跟著吃，真的很新鮮很清脆。

2007年4月1日，我特地發個e-mail給各處的同仁， 報告中區廚餘推動小組正式啟動，因為那天是愚人節，我還故意寫一個標題「4月1日非愚人」，然後就開始做了。最主要是先培訓各區的種子，所以採輪班制度，連苗栗地區也要來輪班，我們不是要志工做到怎麼樣，而是學習怎麼處理這些果皮、菜葉有機物。

誤打誤撞 找到養菌關鍵

我們開始做有機堆肥時，清潔隊員非常高興，因為這些菜葉果皮都不必上車了，志工直接推去廚餘屋做堆肥處理。我都常常跟師兄、師姊分享，做堆肥最好的目的是沒有垃圾，從開始做一直到結束，都沒有垃圾，這些東西接下來到最後變成土，有機肥土可以放在植栽、種菜。

有很長一段時間，我利用每天中午一個半鐘頭，打個便當從舊分會騎機車趕到志業園區用餐，邊關心廚餘屋的環境，算算時間差不多了，又從志業園區回到分會上

黃元杰（前右一）向來參訪的外縣市慈濟志工示範堆肥的作法。（圖片／黃元杰提供）

班。

4月1日開始一桶、兩桶、三桶地做，我們也沒什麼經驗，但是剛開始桶子摸起來是溫溫的，兩個禮拜以後所有菌種好像睡著了，溫熱感不見了，當時只覺得奇怪，怎麼會這樣？後來北屯區的環保幹事劉品君打電話問我說桶子為什麼都冷冰冰的？我跟官杏枝聯絡，她也不知道問題出在哪裡？她還帶劉品君到北屯伯爵社區看，他們的桶子都是溫溫熱熱的，而且還蓋著蓋子。我們做法也都按到他們的SOP（標準作業程序），所以我就請官杏枝找教授來幫忙看一下。

隔天，劉品君又打電話給我，很高興地說：「師兄！師兄！竟然燒滾滾！」我說什麼燒滾滾，她說堆肥桶原本冷冰冰，今天竟然燒滾滾！我問她哪裡不一樣？她說昨天打開蓋子看，忘記蓋回去。我說這樣就對了，毛病抓到了，原來是菌種的關係，我們買到嗜氧菌，全部都打開。

第三天教授來了，他一看了以後說，誰叫你們打開的？品君師姊說明打開忘記蓋了，教授說：「你們維持這樣就好了！」教授確定我們買到嗜氧菌，封桶的時候不要蓋，所以這真的是誤打誤撞，一個很巧妙的因緣讓我們知道問題出在菌種。菌種有兩種，一種是厭氧菌，討厭氧氣；另一種是嗜氧菌，喜歡氧氣，我們買到嗜氧菌，打開蓋子，用網子蓋以維護它的清潔。

我記得當年（2007年）4月27日的時候，高雄的環保幹事帶來一部遊覽車的志工來取經。那一次我也在臺中志業園區跟他們解說怎麼做，和我們的運作模式。他們參訪回去之後，就在鳳山聯絡處啟動了，鳳山清潔隊還去跟他們取經。廚餘若倒進垃圾場，對焚化爐也是一種損傷。很多師兄師姊也在社區推，這是無形的推銷，基本上都會認同這樣的做法。

臺中志業園區的廚餘屋，約有六十坪，志工在廚餘屋外種菜，用液肥稀釋澆菜，菜長得很漂亮。有一次，臺中縣環保局承辦員打電話跟我說，因為我們去環保局領

黃元杰（右）向慈濟志工示範菜葉、果皮廚餘堆肥的作法。（圖片／黃元杰提供）

過藍色免費的堆肥桶，管理單位要來看我們做的成果如何？他說：「我們不只要看，還要辦一個觀摩會。」臺中縣紅蚯蚓工作隊[12]的各鄉鎮人員說他們在大里、烏日也在推，還有一些學校機關團體都會來參訪，所以就菜葉果皮堆肥來講，慈濟不是第一個，不過，卻是第一座廚餘屋。

臺中分會陸續在推菜葉果皮堆肥，可是彰化分會還沒開始。2016年7月，我到彰化分會支援，利用當區合和互協會的時候建議，堆肥一定要做，結果與會者都同意，願意配合，但是要我去規劃。既然組隊願意配合，我就規劃，所以很快在彰化也推起來了。開始的時候，志工對這方面比較陌生，我先教會分會同仁，讓他們輪流關心，然後進一步告訴他們有機堆肥的好處。

第一個好，垃圾減量；第二個好，因為沒有垃圾，然後過程中產生的液肥，可以清潔水管，清潔廁所馬桶；再來，完成後的固肥，用在植栽。比如有個師兄在種木瓜，他說：「聽你們講這麼好用，真的有這麼好嗎？我也買回家試試看。」他請購液肥回去，後來種出心得，雖然果樹矮矮的，但卻能長出二十幾顆碩大的木瓜；隔壁田裡的果農一樣種木瓜，樹很大一棵，木瓜卻稀稀疏疏。隔壁果農問師兄：「你到底灑什麼肥長起來這麼好？你也幫我買。」所以師兄種出來的木瓜，獲得好評，他定期跟靜思堂買液肥種木瓜。

環保引路 共創乾淨家園

自從2000年我進入基金會任職，因為對於資源回收運作內容的熟悉，以及面對財務的嚴謹態度，獲得授權進入慈濟資源回收資料庫登錄中區環保組所屬的區域，如苗栗、臺中、南投、彰化的資源回收內容，供本會統計使用，並掌握各區收支帳的繳交與彙整。此外，也跟資源回收商約定，慈濟回收內容單據，他們保存一年，我們也至少要保存一年，期限內隨時可回溯核對確認，對負責人員也是一種稽核與保護。

我做環保二十幾年，也曾一度在資源回收場任職，就我觀察，塑膠類的回收在臺灣是一個大轉變。1992年之前，臺灣滿地都是塑膠，沒有人要，因為回收商認為回收塑膠是一種冒險的生意。1992年政府獎勵回收寶特瓶可以退兩元[13]，還可以拿去超商換錢，民眾都搶著撿。這個政策一推行，回收商非常喜歡回收寶特瓶，現在雖然是論重量計費，政府還是有獎勵金[14]給回收商，所以他們都樂意收。

像一些複合性[15]材質的東西，基本上就是垃圾，除非還有更新的技術能分解。有些慈濟的環保站回收裝芭樂的袋子，也回收工業用保麗龍，這些都很費工，但只要能保護地球，環保志工都不惜體力、時間，盡量在做。

對於慈濟做回收常被誤解為是跟拾荒者搶生計，但是師兄、師姊都知道，也堅持我們既然是聞聲救苦的佛教慈善團體，就不能去影響人家的生活。像我住的北屯區北華街上，很多人家門口常會堆積一些紙板，我知道有固定的拾荒者在回收，那是他們的生計之道，就不會去請住戶讓我們回收或撿附近的回收物。

我常跟師兄、師姊分享，慈濟是社會的一環，不是回收很多才叫做環保，應該朝向推動一個乾淨的社會來努力。我隨時與師兄師姊分享這一點，要多用心去觀察，不要影響拾荒者的飯碗，這樣社會上才不會排斥慈濟做環保。

對於環保的目標和方向，是要朝向讓社會大眾一起來重視環保，我認為慈濟本身還要加強對內整體教育，所以在落實上還有很大的空間。慈濟對於可回收和不可回收的成效很好，基本上已經有很好的形象，但是對有機物的再利用，還是要再加強，尤其是對社會大眾的教育，讓各個家庭廚餘減少，每個家庭都能推廣，讓家家戶戶落實。

---

1 建教合作是透過學校與合作機構之間的合作安排，讓學生可以在學校中修習一般科目及職業專業課程，又可以到相關行業職場接受職業技能訓練，以利於就業準備的一種職業教育方案。資料來源：教育部建教合作資訊網。https://reurl.cc/14bLVG（2020年10月5日檢索）

2 為製造紙張的機器，自從十九世紀初期第一臺實用型的抄紙機開始運轉以來，經過不斷地改進，目前抄紙機的種類很多，從造型上大致區分長網機和圓網機二類。

3 世界各國因石油價格暴漲而引發的物價飆漲、經濟大幅衰退或萎縮的經濟危機。第一次石油危機發生在1973年10月，埃及、敘利亞對以色列發動第四次「以阿戰爭」，阿拉伯石油輸出國家組織（Arab Organization of petroleum Exporting Countries）為打擊以色列及其支持者美國，實施石油減產與禁運，10月17日，波斯灣產油國隨即宣布調漲原油價格，造成全球第一次石油危機，油價產生巨幅波動，其中阿拉伯輕油（API 34°）公告油價由1971年每桶2.18美元，攀升到1974年1月每桶11.65美元，國際經濟大受衝擊，經濟成長大幅衰退。資料來源：臺灣大百科全書網站。https://pse.is/wywwb（2020年10月5日檢索）

4 佛教徒將配偶視為共同修行菩薩道的伴侶，所以稱呼自己的配偶為「同修」，或彼此互稱「我家師兄」和「我家師姊」。

5 臺中縣市於2010年12月25日合併升格為直轄市，潭子鄉隨之改為潭子區，潭子區轄下各村亦改制為「里」，即潭陽里、新田里、聚興里等。

6 1986年3月10日，慈濟臺中分會成立，設址臺中市民權路314巷2號，佔地一百八十餘坪，係一座日式建築。因會務發展需要，於1990年12月7日拆除擴建。2013年9月1日，分會遷至文心南路臺中靜思堂，民權路舊址於2018年5月24日更名為「慈濟民權聯絡處」。資料來源：慈濟年表資料庫。

7 一般家戶零星的包裝用保麗龍、保麗龍餐具，交付環保局資源回收車回收。工業保麗龍應由相關業者自行集中送往回收商處理，保麗龍回收商資料：保麗龍再生協會（臺北市中正區新生南路一段50號7樓707室）、介大保麗龍（臺中市霧峰區五福路559號）、加保保麗龍（彰化縣花壇鄉三春村三芬路242號）。資料來源：臺中市政府環境保護局資源回收網。https://pse.is/sfpft（2020年10月5日檢索）

8 一、不殺生；二、不偷盜；三、不邪淫；四、不妄語；五、不飲酒；六、不抽菸、不吸毒、不嚼檳榔；七、不賭博、不投機取巧；八、孝順父母、調和聲色；九、遵守交通規則；十、不參與政治活動、示威遊行。

9 臺中分會（現為民權聯絡處）一樓往二樓佛堂的樓梯，有志工與上人座談的空間，慈濟人稱之為「夾層」。

10 臺中市環保局為有效推廣民眾廚餘自主性堆肥工作，在縣市未合併前，臺中市命名為「螞蟻雄兵」，臺中縣為「紅蚯蚓工作隊」，如今縣市合併後，臺中市環保局為避免民眾混淆，即日起整合正式更名為「紅螞蟻廚餘自主性堆肥計畫」。資料來源：〈中市廚餘堆肥計畫升級為好厲害的紅螞蟻〉，2012年2月23日，yahoo!新聞網站。https://pse.is/umtpn（2020年10月5日檢索）

11 來自加拿大的研發者劉力學（Pierre Loisel），1966年進入臺灣大學物理系，是臺大第一位外籍學生，在臺灣生活了五十四年，人生有三分之二以上的時間都在臺灣度過。他為了解決社區廚餘問題，搜集了五噸校園廚餘，感動一位臺大教授，派了兩名碩士生每天到他家研究分析，在五個月後漂亮的有機肥出現了，劉立即找環保署長，署長得知後當日就取消了兩座焚化爐，還要劉去推廣，還給了他一座廚餘池。他的舉動當時吸引許多媒體報導，媒體稱他「ㄆㄨㄣ先生」，讓他成為關注焦點，更促成後來臺北市決定推動回收廚餘政策。當廚餘越收越多時，劉力學也開了一座「臨海農場」，專門處理堆肥與種植有機蔬菜。資料來源：〈讓蔣經國氣炸的老外 劉力學〉，2018年9月8日，蘋果新聞網。https://pse.is/wk9ym（2020年10月5日檢索）

12 同註10。

13 民國81年（1992年），環保署為鼓勵民眾回收，公告每支寶特瓶回收可換取2元「押瓶費」，實施一年後，回收率高達八成。隨著回收比率節節高升，基金開始出現虧損現象，民國86年，環保署降低每支寶特瓶的回收金額，從2元降為1元；同年，也將廢寶特瓶「押瓶費」改稱為「回收獎勵金」。民國89年，回收獎勵金數額再降為每支0.5元。環保署基於民國89年的調查顯示，曾將寶特瓶送至超商回收的受訪者中，有八成以上民眾表示若取消獎勵金後仍願意回收寶特瓶，因此認為回收獎勵金制度的階段性目標已經完成。同時，為減輕基金負擔，也為了改善民眾選擇性回收行為，及降低業者逃漏繳費誘因，環保署在民國91年3月1日宣佈：取消寶特瓶回收獎勵金。資料來源：〈寶特瓶換錢的歲月〉（2016年11月30日），《經典》雜誌Facebook粉絲頁https://pse.is/vjmc9（2020年9月1日檢索）

14　資源回收基金，經費來自責任業者繳交的回收清除處理費，分為「信託基金」及「非營業基金」。信託基金作為回收商及處理廠之補貼費用；非營業基金則是補助獎勵回收清除處理系統、稽核認證、回收宣導、查核、行政管理及研究發展等費用。責任業者繳交之回收清除處理費至少70 %撥入信託基金，而運用時需依「資源回收管理基金信託基金部分收支保管及運用辦法」及「資源回收管理基金非營業基金部分收支保管及運用辦法」，及一般廢棄物回收清除處理稽核認證作業要點規定辦理。資料來源：《行政院環境保護署資源回收管理基金管理會紀實（87年～105年）》，頁7。

15　複合材質不可回收：像洋芋片、零食、咖啡包、茶包等的包裝袋，內層含有鋁箔、錫箔，因處理耗時費力，回收場不會特別分離出來回收。 其他複合性材質，像具有保鮮功能的多層塑膠袋，或上面有拉鏈或封條的塑膠包裝，都會造成回收困難，建議直接丟一般垃圾。資料來源：顏寧，〈你丟對垃圾了嗎？100%回收的4大盲點〉，2019年7月31日，聯合新聞網。https://pse.is/xdnnw（2020年10月5日檢索）

環保廚娘 用熱食箍緊人心

黃陳淑惠訪談紀錄

我們環保站是接引菩薩的道場，有好幾位都是慈濟照顧戶，有流浪漢、憂鬱症的來做環保後，變得很陽光，翻轉自己也改變家庭。為了幫助他們，我們香積媽媽會多煮一些菜餚，讓他們多帶一些回去吃，這都是我們的默契。

——黃陳淑惠

◎訪談：洪素養
◎記錄：洪素養、林素玲、吳淑妃
◎日期・地點：2020年7月30日・黃陳淑惠家（臺中烏日）

【簡歷】

1953年(民國42年) 黃陳淑惠出生在臺南縣六甲鄉烏山頭水庫附近。爸爸、媽媽務農，育有六名子女，陳淑惠排行老大，身為大姊必須照顧五個弟妹，國小畢業後未升學，在家幫忙農事。婚後與先生胼手胝足做小吃生意，栽培兩個兒子成為醫師。2003年從環保做起，自動煮熱食供餐，她像媽媽一樣無怨無悔地付出，環保站因為有她，緊緊箍住環保志工們的心。

1953年(民國42年) 我出生在臺南縣六甲鄉烏山頭水庫附近的農家。爸爸是務農的，田地有三甲多，種植稻穀、蔬菜。我們有六個兄弟姊妹，我是長女，底下有兩個弟弟三個妹妹。以前鄉下人比較重男輕女，我是女

黃陳淑惠八歲當花童時留下的珍貴照片。（圖片／黃陳淑惠提供）

生，又是老大，要照顧弟弟妹妹，十三歲國小畢業後，沒有繼續讀書。爸爸媽媽忙著田裡的工作，以前插秧、挲草[1]（閩南語，音讀so-tsháu）、割稻等等都是靠人工，每個人從早到晚都很忙。

我六歲大就要揹著弟弟或妹妹煮飯，綁草絪[2]（閩南語，音讀tsháu-in）起火用大灶煮飯，也要跟著媽媽去砍柴，從小就忙得團團轉。農業社會長大的人，過去孩子多，大的要帶小的。最有趣的就是有一天爸爸媽媽都到田裡，要我照顧弟弟妹妹，我要拿衣服到古井旁洗衣服，全把弟弟妹妹帶去。井水是用水桶綁繩子放到井裡面取水上來洗，其實我還小不是會洗，我們是邊洗邊玩水，玩得很開心，衣服都溼答答，回到家裡我被爸爸修理一頓，爸爸說：「妳膽子很大，把這麼小的孩子帶去古井那裡，也不怕掉下去。」那年我十三歲，最小的弟弟才三歲，現在回味起孩童的時代，很有趣。

我家有自來水，但是捨不得用，必須到古井取水洗衣服。其實我們家境是不錯，但是阿公、阿嬤很節儉，不可以買好的來吃，我們最常吃的是白飯加醬油。阿公很勤勞也很節儉，不准我們浪費，哪怕是水，一樣惜水如金。媽媽每天到田裡種菜，都要擔肥（糞尿）澆菜。我揹著弟弟，帶著弟妹們去那裡拔草，回來時，媽媽肩上的扁擔一邊的桶子是蔬菜，另一邊桶子是弟弟，就這樣挑著回家，我背著妹妹尾隨在媽媽後面，好像母雞帶一群小雞一樣。

爸爸、媽媽打拚農作，年頭是稻子，年尾就是地瓜，整年度都沒閒過。加上我國小畢業後幫忙田裡的工作，所以沒幾年又買了一甲的田地，變成四甲多。1960年代，「工業取代農業」、「低廉工資代工」等經濟措施。左右鄰居都在做毛線衣的裁縫加工，我也跟進買一臺裁縫機，兼著學做裁縫，一開始車毛線衣加工，後來是車手套，進而學做衣服，所以才有一手裁縫的功夫。

離我家很近有一間菜堂[3]，環境簡單清幽，有出家師父親切招呼，我心生歡喜，常常騎腳踏車帶著弟妹去那裡繞一繞，心裡很嚮往清淨道場，可以在那裡念佛。那一年十五歲，心裡一直想要出家，我跟阿嬤說：「阿嬤，我要出家。」阿嬤反對地說：「女孩子要出什麼家！」阿嬤怕我出家，飯裡都放豬油，不讓我出家。既然家人反對，當年也沒有再多想出家的事。

夫妻同心 生活有目標

黃陳淑惠雙十年華時（右）與父母及手足一家人合影。（圖片／黃陳淑惠提供）

我二十二歲（1975年）那一年，經人介紹，認識黃耀焜，但是我不想結婚。三年後黃耀焜當兵回來，在媽媽催促下才結婚，他也常常笑我說嫁不出去才會嫁給他。我的嫁妝是一臺摩托車和一些金子，以前的人若是有一臺摩托車就已經很風光了，一臺要四萬多塊，在當年是可以在鄉下買一棟房子。

我先生的家庭也不是說很好，他們家也是務農的，田地很少，婆婆耕作農地，公公在鐵路局上班，我公公很注重教育，不管有沒有錢，每一個孩子都要讀書。像我大姑，現在七、八十歲了，也有讀到初中畢業。我先生讀高職，他的兩個弟弟都讀大學。

先生在臺北電信局外勤工作，所以婚後我們在臺北士林租屋住。剛到臺北很不習慣，因為我不曾出門在外，很思念家裡，常常哭，後來兩個兒子陸續報到，每天過得很忙，自然沒時間想家。我剛到臺北就去找女裝裁縫的工作，以前在鄉下有車過毛線衣，所以做裁縫很熟悉。我一邊幫忙賺錢，一邊照顧孩子，先生工作穩定，又很節省，我都自己煮，捨不得外食。兩年後有些積蓄，我們買一間公寓，有自己的房子，我們還是很拚命地工作。兒子一個揹著、一個牽著去拿衣褲回來車衣服加工，雖然要帶孩子，還是一直工作。只要是正當工作，只要肯做，就不怕沒錢賺。

我爸爸往生後，只有媽媽一個人無法耕作，就把田地賣掉，給臺中烏日的兩個弟弟買房，還留一些本錢給他們做生意。媽媽幫兩個弟弟打點好。我想，我住在臺北這麼遠，不然也把房子賣掉，請家人幫忙找臺中烏日的房子，家人住得近，回娘家比較方便。1983年三十歲那一年，我們搬來烏日住，把家裡安頓之後，自己閒不住，想趕快工作賺錢，正巧弟弟的店面是靠近明道中學，明道市場旁，但是烏日那裡還是很落後，人煙稀少，所以生意不好做。

弟弟建議：「大姊，妳來賣麵。」因為有一對夫妻在弟弟的書局騎樓賣麵，沒多久結束營業。我說：「我都不會，怎麼做？」妹妹贊聲：「沒關係！大姊妳做，我來幫妳。」在妹妹幫忙下，我才有勇氣做小吃生意。要賣麵也沒有跟別人學，說做就做，攤子推出來就賣。

雖在中山路旁，但是整排店面沒什麼做生意的，其中有一棟沒人住，我們租下居住，店面做生意。我們是很省的人，捨不得到外面吃一碗麵，所以也沒嚐過別人煮的口味，什麼都不會，只會家常菜。一開始賣麵，客人吃到麵的湯頭，面有難色地說：「老闆娘，妳煮這麵好難吃，怎麼吃得下？妳要怎麼煮……」所以，我是被客人的嘴巴教會煮麵；還好滷味是有貴人教我，味道很香，很受客人喜歡。湯麵雖然難吃，生意卻是很好，一開業就強強滾[4]。若是現在來做的話，肯定沒人要來吃的。

我帶著兩個孩子做生意，沒有請人幫忙，哥哥六歲，弟弟四歲，都會幫忙收碗、擦桌子、洗碗。後來生意越做越好，才請人做鐘點幫忙。做了幾年後，屋主要回了房子，我們才在九德村(現為里)中華路這裡買了現在居住的透天厝；當時這裡很鄉下，一開始擔心在這裡做小吃會不會有生意？結果生意一開張，還是忙翻了。雖然是小吃店，料理多樣供客人選擇，有當歸鴨麵線、筒仔米糕、麻醬麵等等。客人都笑說：「妳這間是萬客隆[5]，什麼都有。」生意是從下午三多點開始做，到凌晨一、兩點多還是有人要來吃。因為很平價又實料！這樣一

黃陳淑惠與先生帶孫子出遊。恍若回到小時候帶著弟妹那般。（圖片／黃陳淑惠提供）

步一腳印地打拚，就做了二十二年。

帶孫做環保 麵攤發揮愛

進慈濟的因緣是從我媽媽那裡來的，1987年開始繳功德金，媽媽跟我募款，幫我拿給資深志工吳鳳嬌，我媽媽說：「吳鳳嬌跟她說，證嚴上人有多慈悲，救濟苦難人。」問我：「要不要繳善款？」我說：「好啊！」後來我自動拿一整年的善款給吳鳳嬌，因為怕先生知道，他怕我被騙。還好自己在做生意有錢，不用跟他伸手。所以師姊募款，我都會捐，像義賣還是建醫院，或是捐大林慈院的病床，我都有捐。

我的孩子不用怎麼教，他們從小幫忙收碗、洗碗、拖地，跟著我做過來的。孩子看父母這樣做，知道賺錢的辛苦，也知道要認真讀書，孩子說長大後不要賣麵。所以老大讀五專畢業後，跟著阿姨學中醫，自己經營一家中藥店。小兒子考上臺北醫學院，跟我說：「媽媽！我要讀醫學系。」「我是希望你當老師。」兒子反問我：「媽媽，妳是沒錢讓我讀嗎？」「我不是沒錢，我是知道當醫生很辛苦。」兒子的堅持，我就成就他。他一邊讀書，一邊打工，非常努力往自己的目標進行。醫學院畢業後，他在長庚醫院當耳鼻喉科主治醫師，後來自己開業。孩子從小到大都不用我操心，他們婚姻美滿，兒媳都很孝順。

住在臺南的婆婆年紀大，有點失智，1997年我們把她帶來身邊照顧。婆婆跟我說：「我住這裡好嗎？」我說：「媽！您就住下來，這裡是您的家。」她愛吃木瓜，我們幫她買一堆，每天看到婆婆都在摸木瓜，像小孩子一樣。 婆婆以前就失智，有吃藥控制，精神比較鎮靜，減緩惡化，一個月的藥差不多約五千元，當時健保沒有給付，但是吃久了也漸漸失效。後來，婆婆日夜也分不清楚了，也不知道要洗澡，之後我幫她洗，有時候婆婆不愛洗澡，就會反抗打我，好像小孩子就對了，婆婆在2014年往生。

麵攤生意在2000年就收起來，因為五個孫子陸續出世，媳婦和兒子放心地把孫子交給我帶。2003年秋天的一個早上，推嬰兒車、帶孫子，過了馬路，看到好多人很認真地在做環保，看起來很祥和，我一念心起歡喜，走進去詢問：「這環保是什麼時間來做？」連連問了幾個人，可能是太吵沒聽到，大家的頭低低地認真分類，沒人回答我。隔天早上趁著孫子還在睡覺，我四點多趕快去環保站跟著人家學分類，做到八點回去，做完心情無比歡喜，感覺比中獎還高興，我就覺得人生沒白來，有做到，很感恩。

幾次下來，看到站長張秀金買饅頭、包子給大家吃早餐。我就覺得，這裡這麼多志工，要花這麼多錢買早餐。我跟秀金說：「我們簡單吃，我來煮一些麵、米粉、還是鹹飯、粥給大家熱熱地吃飽。」張秀金很感恩我發心。每星期二、四早上，環保志工五點多就來做，我煮麵也煮菜，差不多六點煮好後用推板車推過來。要上班的志工可以吃飽後再去上班。看到大家吃得很滿足，我就感到很歡喜。有時志工在同一時段，在攤位前用餐，路過的人走過去以為我們是賣麵的早餐店，還會問：「一份多少錢？」大家吃得很開心，說這個小小的麵攤發揮愛的良能。

因為環保站地方小，所以板車是放在人行道的旁邊，把煮好的料理放在我舊的攤位車的臺上，誰肚子餓了誰就先用，自己找位子坐；露天用餐景象，恍若小時候我們在田裡割稻完用餐一樣，非常地克難。從2003年到2009年，這六年的時間，我是邊煮環保餐邊帶孫子，讓環保志工長年來做環保又可以吃一頓熱的，他們會感受到溫暖，會想要來，甚至有的環保志工說看到我招呼大

2003年以來，黃陳淑惠這攤環保站專屬的餐點，提升了人情溫度，也招來更多的志工加入。（攝影／洪素養）

家吃飯，覺得很親切，都捨不得休息。他們覺得來這裡很快樂！要上班的，會提早上班來做；主婦先把家裡安頓好再來。所以不管幾點來，那時候每個星期二、星期四的環保日，我都三點多起來準備，六點煮好餐，將一大桶的熱食，用平板車推來環保站。不管是早來的、晚到的，都可以吃個餐點再離開。

過個馬路就到環保站，兩年來我竟然都不知道，所以因緣很重要，既然讓我接觸到，又在家的對面，隨時要做都很方便。不是回收日的早上，我都利用孫子睡覺時，去做個四小時環保。如果回收量很多，背著孫子我

2001年地主黃鎮乾居士，無償將三十坪空間提供慈濟做環保分類。大家在屋外遮蔭處做分類。（攝影／林津里）

照樣做。每天推著孫子，還是走去環保站，看到塑膠袋雜亂，順道整理，收拾好，不要讓塑膠袋亂飛。

環保志工簡珠香、隨車的梁卿裕一起做環保。我們烏日九德環保站是慈濟志工簡珠香促成的，2001年她在社區推動環保，都是開環保車去據點收回收，但是沒有可以做分類的地方，又加上回收量與日俱增，她急著找讓大家可以分類的地方做環保站，她的朋友吳正典先生熟識的黃鎮乾居士聽到這個事情，就發心提供烏日九德村（現為九德里）中華路，靠近中山路溝仔邊的三十坪土地，作為社區型的環保站，方便鄰里民眾來做志工。

簡珠香接引多位環保志工，隨車梁卿裕就是其中一位。梁卿裕有重聽，反應慢，性情單純，還沒做志工時四處遊蕩。簡珠香就拉著他一起來做環保，也會幫他準備餐點，待他如弟弟。

他們每天開著環保車到工廠或各據點載回收，常常收到過午過晚還沒有吃飯，中午十二點多我接到電話說：「師姊！幫我煮麵或是煮飯。」我平常都會多準備一些食材，隨時煮熱食供應他們用餐。看到他們像牛一樣做個不停，我很不捨，所以無論如何，一定要煮個熱熱的麵，溫飽肚子。像禮拜二，環保車的志工到成功嶺載回收，我會另外煮一鍋飯，幫大家準備便當，或是鹹飯、油飯等等，口味換來換去。看大家這麼打拚地為環保，在外面吃素較不方便，太晚又沒得吃。所以我煮給大家吃，覺得是應該做的事。

歡喜受病痛 定心得健康

2009年培訓那一年，身體不舒服，檢查出來是罹患猛爆性肝炎，必須注射干擾素，由於藥物的副作用，身體變得很虛弱，凡事力不從心。生病的過程真的很辛苦，吃不下還會吐。但是回收日的餐點不煮不行，大家會沒飯吃。所以我也不敢跟先生說苦，因為他會反對我做。反倒是家裡的工作，像掃地、擦地、煮飯的瑣事，他都

拿著鍋鏟下廚料理的黃陳淑惠，用媽媽的心，煮熱食箍緊人心。（攝影／許順興）

做得好好的，只要我好好地休息，其他都不用我操心。

所以一大早起來煮餐，我都很輕聲，怕吵醒先生。也不知道哪來的勇氣，因為藥物治療很辛苦。在煮的時候也是無力，尤其聞到味道，還要到旁邊吐一吐，坐一下休息再繼續煮。感恩佛菩薩給我力量，上人的三求三不求[6]願力，給我很大的鼓舞：「不求身體健康，只求精神敏睿；不求事事如意，只求毅力勇氣；不求減輕責任，只求增加力量。」生病讓我深深體悟生命脆弱，所以如果不做，再也沒有機會結緣。我就是這樣硬撐著熬過來，做到現在還要繼續精進。

像我妹妹陳慧玲也是慈濟志工，她的會員，和我一樣在注射干擾素，治療期間都躺在床上，軟趴趴的。妹妹好奇問我：「大姊！妳為什麼有法度（臺語，意思是有辦法）這樣做？」我說：「我不知道，我也覺得不可思議！很痛苦就吐一吐，趕快求佛菩薩讓我把這一頓煮起來。」就這樣一次熬過一次，整整七個月的療程。

培訓委員每個月要去上課，參加慈濟活動，即便精神不濟，也是關關難過關關過。真的不可思議！注射干擾素，療程結束，我滿成功的。以前肝指數都九十多，現在肝指數維持不到二十，感恩一路有佛菩薩保佑，有先生護持。先生不讓我那麼辛苦，別人拿來的菜，他會幫忙挑一挑整理好。我是想既然帶病了，要趕快把握當下，就這樣一天一天賺起來，身體也愈來愈好了。

環保站搬遷 有家的溫馨

2012年9月，中華路的九德環保站因為建樓，地上物清空歸還給地主。在大家積極找地之下，終於找到九德里長春街的巷弄裡，緊鄰九德國小的一塊地，占地一百三十坪，這裡是政府徵收作為公有停車場預定地，荒廢多年，雜草叢生。張秀金與陳正恭出面向地主承租，約期十年，一個月只負擔一千元的租金，由陳正恭付出。從整地到鐵皮搭建，大都是志工合力打造。2013

年環保站搬遷到這裡，有八棵樹圍繞，環境非常清幽。我本來以為簡單就好，沒想到陳正恭用心規劃，有像樣的廚房；環保分類區井然有序，還有一處作為拆解區。讓人進來環保站，感到攝心。我就想，既然要度人，我們就是要用心地煮早餐，用熱騰騰的飯來溫暖大家的心。

新的環保站啟用後，香積有了團隊，大家輪值煮餐，感恩有陳淑惠（稱小淑惠）作窗口帶領團隊。我是習慣早起，五點來到環保站煮早餐，因為環保志工張淑媽媽，還有原本四處為家的遊民何先生，一大早要做環保；也有上班族提前來做一下子的。他們像是來上班打卡一樣，都很準時報到，所以我沒來不行，我要提早來煮早餐給他們吃。因為每天做環保，香積成員張金好覺得不要每天煮，這樣會很累。我的想法是沒關係！菩薩一個一個好，一個、兩個來，我也要趕快煮，讓他吃一下熱熱的。人家說食衣住行，「食」排第一，我就用熱食來溫暖人家的心，把大家招進來。因為要做環保的人，要放下身段，踏入環保的善門，我就要把他箍住就對了。

素食菜色要多變化，志工如果跟我們說來煮什麼比較好，我就說好呀！不然來煮哪一樣，這樣配合大家的口味，變來變去。像麵線有時候加香椿，有時候加薑油，這樣拌一拌，給大家享用。有時候就覺得今天菜色較

2013年環保站搬遷到九德里長春街的巷弄裡，有八棵樹圍繞，環境清幽，是社區型環保站，也是菩薩招生的道場。（攝影／許順興）

善用巧手懂得變通的黃陳淑惠(右二)，在環保站扮演媽媽桶箍的角色。（攝影／凌榮哲）

多，就來換一下麵線糊，有時候米粉芋[7]，想看看有什麼就把它變一下，大家不嫌棄，這樣惜福。

用食輪轉法 愛相伴度苦

我們環保站像大家庭一樣，環保志工我們都要關心。之前有一個環保志工丁玉珠，她的父母親早已往生，唯一的哥哥也走了，只有自己一個人，需要別人的關懷。因為上人要我們有一念的慈悲。丁玉珠2006年因罹患乳癌，治療後又復發，連肺部也被病毒感染。

我看到別人病苦就很不忍心，她又只有自己一個人，病痛拖了好幾年，醫院進進出出。因為沒有親屬，又離我家很近，我跟先生常常上門關心與鼓勵，三天兩頭也會拿熱食去給她吃。尤其是住院期間，我幾乎每天到醫院探望，幫她及看護準備便當。持續關懷好幾年，阿珠將身後事託付給我跟我先生，以及烏日善光寺師父處理。

一直到2018年年底的一天，我到醫院探望她，我要回去時，她就一直在流眼淚。隔一天我再去，她跟我說：「淑惠！我不知道要怎麼跟你感謝，人家隔壁病床的兄弟姊妹沒人要來顧。妳和我沒親沒戚，妳這樣關心我。」阿珠邊說，眼淚一直流下來。我說：「不要想太多，把自己照顧好。我們過去生不知道什麼因緣，來生

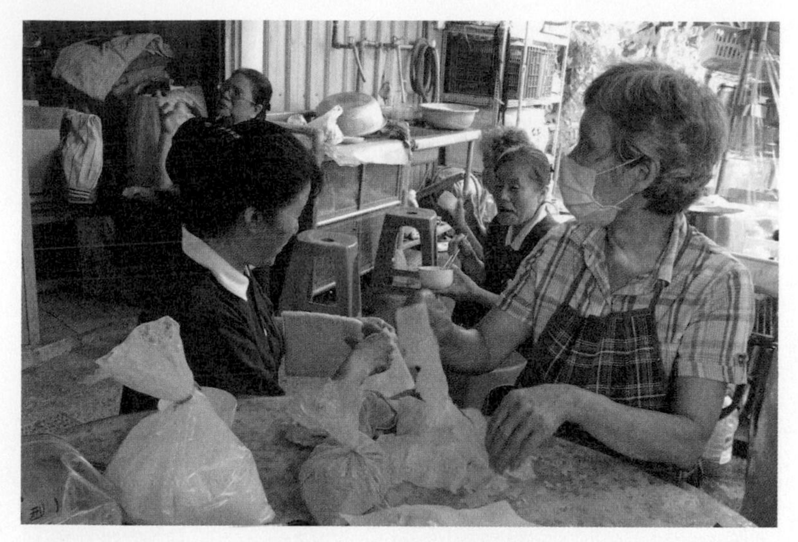

環保志工丁玉珠(右)於2020年初往生，幸好有黃陳淑惠夫妻協助處理後事，圓滿人生最後一程。（攝影／吳淑妃）

再來還會有牽連。」隔年二月，丁玉珠撒手人寰。她身邊有一些積蓄，就交代先生處理，要給善光寺及捐給慈濟救濟之用。

所以進來慈濟學習上人的法，我好法喜，我很喜歡聽上人說法，經文契合生活的事，讓我智慧更明朗，不會把煩惱壓在心上太久。大家像家人那樣，環保志工不怕髒不畏熱，流汗地在做環保，那種合心齊力為大地付出的感覺真好。

所以我要盡守職責，把大家照顧好。像住在環保站鄰居賴秋煌在隔壁小公園掃地，當2013年環保站啟用後，

賴秋煌不僅打掃公園，還打掃環保站，一包包的垃圾，都是他親手處理。（攝影／洪素養）

臺中烏日九德環保站是銀髮族的安穩之處，高齡的長者，邊做邊聊，非常快樂。（攝影／洪素養）

他每天經過，看到志工做環保很認真，不由自主走進去說要幫忙倒垃圾及做環保，做了三年多，非常地入心。無奈受家人阻礙，認為做環保工作很髒，他回家還要幫忙帶孫子，擔心有細菌感染，因而沒法再過來我們環保站幫忙。環保站的垃圾都是他幫忙倒的，幫了很大的忙，因為垃圾量非常多，常常達三臺平板車的量。他沒幫忙倒，我們女眾的廚房工作就要暫時擱著，先去整理倒垃圾，真的忙不過來。

賴秋煌好長的時間沒來環保站之後，我煮好早餐，準備好便當，拿去公園給他吃。幾次下來，他跟我說：「師姊！我沒有在幫忙，不要再幫我準備早餐了。」我回答：「我們人要飲水思源，你以前做得很辛苦。我有煮，你也剛好在掃公園，拿過去很方便，不用客氣！」所以我一直端去給他吃早餐。他覺得不好意思，他說：「師姊！如果可以，我再幫忙倒。」真的要感恩！我們的垃圾量很多，連環保車的隨車人員都會唸我們垃圾太多。

上人創造慈濟，有這個環保站，讓老人家來付出，有一條路可以走，等於是社區長照一樣，讓老人家安住在這裡做環保，將身心安住下來又喜歡，這才是最重要的。每天環保站有二十多位在做分類，星期六大回收日有五十多位陸續來做。今年發生COVID-19疫情，慈濟很多活動必須改以線上共修，不能群聚。環保志工並沒有受影響，大家仍然每天來環保站精進。

集資買地 環保共善延續

九德環保站一直都不是自己的地，多年來經過風風雨雨，原本這裡的租約是十年，結果地主在第五年把它賣掉，賣給開發公司的人，他們想用法律途徑討回土地，結果因為租約還沒到期，法院裁決無效。開發公司原本要讓我們使用到租約到期，後來不知什麼原因，突然說要轉售給我們。

大家在這個環保站做了很多年，做環保回收也募心募愛，小淑惠會用巧思做饅頭、水餃、如意捲、粽子等等來義賣，讓大家一起布施，又可以學到很多料理的作法，這個地方發揮很大的良能，所以我們捨不得這麼溫馨的家沒了，張秀金、張金好、陳麗花等等，大家都在為環保站土地的事情傷腦筋。

我們烏日區很受大家尊敬的陳文德醫師，贊成將環保站買下，但需要合購。所以當小兒子黃雍宗從臺北回來時，我就找他商量這個事情。我說：「陳醫師要邀你合買環保站那塊地，好讓大家在那裡做環保。」兒子回說：「媽媽！只要是妳開口說的，我就做。」媳婦跟我說：「媽媽這要讓人家做好事的，沒關係！我們拿得出來的。」於是，2019年9月，兒子和陳醫師一起出資買

餐桌上簡單的家常便飯，大家吃得滿足，是給黃陳淑惠（穿橘衣者）最好的回饋。（攝影／洪素養）

地，然後無償提供作為環保站使用。

2019年的年底，烏日共修處被政府徵收的期限已到，必須拆遷，歸還給黃介雄先生及慈濟志工卓麗鳳兩夫妻。因此，九德環保站在組隊賴品達及陳麗花規劃下，重新整修，將二樓倉庫裝潢成為佛堂，共修處的佛桌、書櫃、螢幕等等可用的東西全部移駕到環保站佛堂，環保與共修地點合併，非常地莊嚴。廚房也從簡陋到有大型抽油煙機，以及整齊的櫥櫃，非常地乾淨。擁有自己的環保站之後，大家更珍惜精進，薰法香[8]、講座、讀書會、拜經、聯誼共修等都在這裡精進。

有了佛堂，一早來薰法香的志工精進聞法。我先來開門開燈煮早餐，簡單的湯麵還是米粉湯，只要熱熱地溫飽大家的胃就好。我煮好之後，趕快去聽法。久而久之，小淑惠覺得我太辛苦，所以平日多做一些饅頭冰著，給我平日蒸熱供給早餐，我就可以多些時間薰法香。

現在先生會限制我在環保站的時間，規定我做到早上十點半就要回家休息，所以我不敢再像以前一樣一直衝。因為有一天，我一樣是四點起床，來到環保站煮餐後，繼續再做環保，因為看到環保堆得如山一樣高，實在是放不下，中午吃飽飯後，繼續做到三、四點回家，人就頭昏腦脹，洗完澡去躺一下，有人來找，我爬不起來。先生生氣地說：「妳這樣超時地做，不行！十點半以前一定要回家。」所以之後我就乖乖聽話，準時回家。

雖然先生限制我時間，我還是有方法變通。人家拿來的菜，還是廚房的工作還沒有做好的，就抱回家加工，先生看到也都會幫忙揀菜。為了多做一點，我會趁先生出去一整天時，事先準備粽子的餡料，當天炒好料綁粽子，再把它冰起來，環保日的時候可以蒸給大家吃。如果蒸碗粿時，我三點起來，趕快磨米槳，碗粿一碗一碗排著等冷卻冰起來，隔天的餐桌上又可讓大家吃到碗粿。冬季有菜頭（蘿蔔），我會買回來做蘿蔔糕，隔天

黃陳淑惠(左)與香積幹事陳淑惠，人稱大小淑惠，她們倆聯手帶起環保香積團隊，將環保站食堂顧得有聲有色。（攝影／許順興）

餐桌又多加一盤香噴噴的蘿蔔糕。所以做慈濟，像上人説的有八萬四千個法門，只要肯做，那裡就是道場，這就是自在。

我們環保站是接引菩薩的道場，有好幾位都是慈濟照顧戶，有流浪漢、憂鬱症的來做環保後，變得很陽光。有遭受家庭巨變的，這裡都成了他們的避風港。他們來做環保之後，翻轉自己也改變家庭。所以為了幫助他們，我們香積媽媽會多煮一些菜餚，讓他們多帶一些回去吃，這都是我們的默契。

環保站的餐桌上的菜色至少三道青菜，兩道鹹的，一道湯，再加上水果或者是現磨的果汁，一桌簡單的家常便飯，可以溫飽一家子，大家吃得滿足，吃得健康，是給我最好的回饋。

---

1 跪行於水田中，以手除去雜草。教育部臺灣閩南語常用詞辭典https://reurl.cc/odrpOl（2020年9月6日檢索）

2 稻草或蔗葉等捆成束，用以作為燃料。教育部臺灣閩南語常用詞辭典 https://reurl.cc/Gr4DmW（2020年9月6日檢索）

3 寺院或道場供人吃齋菜的地方。齋堂是齋教信徒參拜、舉行儀式、活動及聚會的場所；一般人則因齋友（齋教信徒）吃齋，常直接稱齋堂為「菜堂」。日治時期，日本政府在臺灣進行多次調查，明確將齋堂認定為「由吃齋者共同設立的宗教建築物」以便與佛教的「寺」、「巖」等區隔。資料來源：全國宗教資訊網https://pse.is/wq8bc（2020年9月7日檢索）

4 從閩南方言演變的流行語。「強強」只是借音字。 本指滾水沸騰不已，後用於氣氛熱烈或人潮洶湧。 資料來源：教育部國語辭典簡編本https://pse.is/w8hus（2020年9月7日檢索）

5 萬客隆（Makro），在1989年（民國78年）被引進臺灣的荷蘭品牌量販店，在桃園縣八德鄉大湳設立全臺第一家量販店，以自助式批發倉庫模式運作，為臺灣最早成立的量販店，一度擁有十二家分店，全盛時期總營業額達二百二十億元。經營了十四年後，2003年春節後無預警宣布結束營業，從此萬客隆就成為「歷史」。資料來源：維基百科、生活者研究所部落格《一家量販店的生與死——再見！萬客隆》 http://blog.udn.com/115346/3606156 （2020年9月8日檢索）

6 慈濟語彙：一九八三年的元月二日，證嚴上人在慈濟醫院開工動土前，向慈濟人恭賀新禧時，發了三個願望：

「一、不求身體健康，只求智慧敏睿；二、不求事事如意，但求信心、毅力和勇氣；三、不求減輕負擔，但求增加力量。」https://reurl.cc/odvL45 (2020年10月20檢索)

7 臺灣小吃「芋頭米粉湯」，「芋」與閩南語中的「路」和「護」諧音，故閩南語中有一句諺語：「食米粉芋，有好頭路（好工作）」。言下之意, 吃米粉芋是充滿希望與好運道的一件事。 資料來源：文化銀行部落格http://bankofculture.com/archives/3790 （2020.09.08檢索）

8 二〇〇八年，由臺灣慈濟大專青年聯誼會的數位成員（稱為慈青）發起「晨鐘起 薰法香」活動，慈青同學們早起收看大愛臺播出的「靜思晨語」節目，並透過網路在線上討論，證嚴上人讚歎年輕人珍惜時間聞法精進，將此活動定名為「晨鐘起，薰法香」。之後，證嚴上人也期許慈濟志工早起到社區道場聞法精進，亦使用「晨鐘起，薰法香」廣為呼籲。資料來源：《慈濟月刊》566期

金國重機　賺歡喜

林金國訪談紀錄

錢，我不是很多，夠用就好。我們該賺的時候就去賺，該做志工就來做志工，這樣的人生很快樂。

——林金國

◎訪談：魏玉縣
◎記錄：魏玉縣
◎日期・地點：2020年7月4日・南埔環保站
2020年7月22日・南埔環保站
2020年7月28日・電訪

【簡歷】

林金國，1956年出生於南投縣草屯鎮北勢湳仔（北勢里），於中原國小、旭光國中畢業後，就讀大明中學電工科夜間部。1972年國中畢業，在農機行當學徒，後又到沙拉油公司上班，從技工升到副廠長。1980年和陳琬瑜結婚，育有二子。同年加入慈濟成為會員，開始繳交功德款。1992年與太太同時受證成為慈濟委員。

我是1956年（民國45年）出生在草屯鎮北勢湳仔（現今北勢里），媽媽生了三男二女，五個孩子中我排行最小，長輩最疼惜；大的（指哥哥、姊姊）都出去工作，小的（我）都黏在父母身邊。

鄉下人家種田，沒賺什麼錢，比較窮困。我國小讀中原國小[1]，從小讀書都打赤腳走路上下學。去學校路上長

林金國投入環保將近三十年，他說：「做慈濟，不管做哪一項，賺的是歡喜心。」（攝影／施龍文）

滿草，冬天清晨時草上都會結霜，腳踩在上面凍得白白的，走到最後腳都凍麻了，有時候踢到石頭腳會很痛、流血，我也是摸一摸就繼續往前走。

清苦成長 西工起家

小學畢業（1969年）要讀國中（旭光國中[2]，第二屆）時，爸爸說：「田裡工作這麼多，莫（臺語，音mài，意為：不要）讀啦！」當時我們家的田將近一甲地，種稻和菸草。我說：「人（臺語，音lâng，意為別人）都去讀書，我一個人在家，很奇怪。」那時都已經新生報名了，爸爸還在猶豫：「無錢啦（臺語，音bô-tsînn-lah，沒有錢之意）！莫讀啦！」當時我大哥，在臺北做水電，有在上班，剛好在新生訓練前回來家裡，我跟他說了；他說：「沒關係，去讀，去讀，錢我給你。」那時註冊費好像是四百元，我就趕快去報名。去的時候，已經是新生訓練第二天，我吊車尾（臺語，音tiàu-tshia-bué，意為敬陪末座。剛好趕上最後一個上車。）才有辦法讀國中，否則就已經沒有讀了。

我國中畢業（1972年）後，一時不知要做什麼，村子裡有一間農機行[3]，那邊缺人我就去學。沒多久，跟一個大我一歲的村裡同伴，他爸爸要帶他去臺中當學徒，而我爸爸沒答應我去，我拿著行李跟爸爸說要去，爸爸就拿一百元讓我當零用，就這樣我跟著人家到臺中當學徒。

我對讀書不是很有興趣，記憶力也不是很好，但是那個年代國中學歷比較不好找到工作，我還是想再念高中。到臺中後，我在農機行當一年學徒，感覺晚上沒事做，就想半工半讀，白天上班，晚上去讀書。於是（1976年）我就去讀大明中學電工科夜間部[4]，註冊費用是三千五百元。

我雖然書讀不好，但是對機械方面很用心，讓我看過的，幾乎都記得，對機械我很有研究。高一那年結束時，班上舉行茶會，每個同學都上臺自我介紹、從事什麼工作等等。有一位同學約大我八歲，他在德隆沙拉油工廠[5]當廠長，提到公司在缺人，我就跟他說：「我是做農機的，你們工廠有在缺機械方面的人嗎？」他說：「有啊！在缺西工[6]。」西工就是專門在焊鐵的。我跟他說：「我去你那裡上班，『西工』我稍微會一些；『車床』[7]，也稍微會一些。」他說：「你來，我告訴你一些注意事項，怎麼做就好。」

我在農機行兩年，第一年每個月薪水四百元，第二年升到八百元；（1977年）當我轉到德隆沙拉油工廠當技工，第一個月就有三千六百元，多了好幾倍。我不會的，同學會教，做了兩年後我高中畢業，隔年去當兵，老闆叫我當完兵還要回來，所以當了兩年兵後我再回到公司，一直升到副廠長，工作了十幾年，也在那時候結婚。

姻緣牽線 成慈濟會員

我當兵時在軍法組[8]，看守所裡有個班長[9]信奉一貫道[10]，平時吃素。我退伍時，他對我說：「要來求道[11]喔！」我跟他說：「我要跟你求道沒關係，但我不跟你吃素。」他告訴我：「沒關係，求道那天吃素就好。」我只好回答：「好啦！好啦！」後來，他通知我，哪一天晚上，在南門橋附近有在求道。他還提醒我說：「你要記得，頭髮剪一剪，鬍子修一修，那天要吃素。」

在公司大家都吃葷，我要吃素，怎麼辦？我那天中午就去買泡麵吃，晚上簡單吃素就去求道，那天清淨就好。人家邀我，我就去；有空就去，沒有空就沒去。那個時候要我每天吃素，我一定說：「不要！」他回我一句：「到時候你就知道，你自然會吃素。」我說：「怎麼可能？我那麼愛吃肉！」

我在工廠負責修理機械，有一個顧（臺語，音kòo，負責、照看之意）機械的歐吉桑[12]陳柳德，如果機械故障，就會叫我們去修理。那個部門的員工有好幾個，男的比較多。男同事就會起鬨說：「已經修理好了，你有女兒嗎？」陳柳德就說：「有喔！有喔！」

我心裡就記住：「好啊！他有女兒。」他家住二水，有次剛好大拜拜請客，他請公司裡的人都去。他跟老闆說：「我們二水大廟拜拜，整村子都在請客。」老闆說：「好，好。」於是全工廠的人都去了。

他女兒的同事、同學也都來了，那麼多女孩子，我不知哪個是他女兒。飯後看到有一個女孩子在收拾桌面的飯菜，心想：「可能是那一個。」之後，每次機械壞掉去修理，別人就又起鬨說：「你女兒呢？」陳柳德總是這樣回應說：「女兒上班啦！」他不會騎車，也不會騎腳踏車，放假時都要搭公車到火車站轉乘火車回二水。

有一次見因緣成熟，我對他說：「你女兒有休假嗎？」他說：「有啦，明天星期日，我女兒有休假。」我告訴他說：「好，我們明天也休假，我今晚載你回去。」就用機車載他回二水，也跟他女兒大約見一下面，說一下話，就離開了。

我聽說她是獨生女，有三個兄弟。心裡就想：「獨生女，很好，因為只有一個女婿，岳父、岳母比較疼愛；女兒如果太多個，女婿也難當，難免會比較和計較。」因為她的姑丈也在工廠上班，我就請他當媒人，她姑姑再找她的嬸嬸當媒人，我們就結婚了。當時（1980年）我二十四歲，太太陳琬瑜二十二歲。

我們只有通信，沒有約過會；訂婚時也只去戴戒指，沒有邀出來玩。結婚那天，我問我太太：「妳不知道我是熊或是虎，怎敢嫁給我？」她說：「爸爸說好就好。」回娘家時，岳母（謝丹）問我：「慈濟功德會在花蓮蓋醫院，在缺錢，你有沒有要捐？」我也愛面子，岳母既然說了，當然說：「好啊，錢要怎麼繳？」她說：「每個人每個月一百元。」我說：「我又沒有每個月回來。」她說：「沒關係，我可以先幫你繳。」岳母是會員，有人會來跟她收錢。那時，大約是1980年（民國69年），我正式當了慈濟會員。

聽廣播開竅 當天改吃素

在沙拉油工廠工作到十一、二年後，我想自己當老闆，因為做過農機，就去烏日學割稻機、耕耘機，那是一家兄弟合夥開的工廠。兩年後，兄弟要分家，兩個兄弟都想留我，我不知該去哪一家，想想乾脆不做了，回離家近的草屯農機行，去問是否有缺人。

老闆說有缺工人，卻又說：「你已經結婚了，要養家活口，我們薪水不高，可能比較不適合你。」我說：「沒關係，你可以給多少就給多少。」他說：「好啦。」我把烏日那邊的工作辭掉要去上工，老闆卻說：「我們的薪水不高，你又結婚了，不要啦。」結果兩邊都落空了，只好暫時閒在家裡。

我大哥當時在砂石場開鐵牛拼裝車，砂石場的人到家裡來收錢，問大哥：「這裡有沒有人會焊接，修理機械？」我大哥說：「我弟弟可以，他剛好閒著。」於是，我就去坪林的砂石場工作。

修理機械的薪水還好，只是看到他們開拼裝車的，從烏溪邊載砂石回到砂石場，吃過午飯就在橋下睡午覺，我卻要利用中午時間去修理採砂機，領的錢還比他們少。心想：「我也會開車，何必這麼累？」就跟老闆說我也要開車。

我買了一部大臺的鐵牛拼裝車載砂石，後來又去粗坑的砂石場，邊開車邊聽李俊男[13]，也就是藥惠法師講經，他是學藥的。（1991年）有一天，聽到他說，人本來就是吃素的。第一，吃素的牙齒跟吃肉的不一樣，人的牙齒跟羊、牛一樣是平的，這點我認同；第二，吃素食的腸胃跟吃肉的腸胃不一樣。吃肉的狗、熊、虎等動物，腸子短，拉出來的大便很臭；吃素的腸子很長，他說，人的大腸加上小腸，差不多七、八米長，葷食在腸子裡滯留的時間長，容易長東西，等到痛、流血、不通了去檢查，如果是大腸癌，差不多是第三期了。我是很怕死的，就聽進去了。第三，吃肉的人，過一天是二十四小時，吃素食的也是一天二十四小時，但是吃肉的要還，吃素的不用還。一樣是一天二十四小時過日子，是選那種要還的，還是不要還的？要還，不是吃人一斤還一斤，說不定要還兩斤，因為要連本帶利。

我嚇死了，我才不呢！那天聽了後，中午在砂石場就想吃素了，怎麼辦？就吃肉邊素，魚、肉都不夾了。下班後，我把聽到的說給太太聽，跟她說：「不要吃了。」她說：「好啊，就不要煮了。」所以我就從三十五歲開始吃素。

聽分享受感動 開始學習當志工

我後來買了一輛十輪的卡車到烏溪橋下的砂石場載砂

石，1991年（民國80年）大概是三、四月的時候，有天早上出門時，太太告訴我：「下午一點半在臺中市的東峰國中有演講[14]，你可以來聽嗎？」她是從靜淇[15]師姊主持的廣播節目《慈濟世界》聽到的；琬瑜問我去不去？砂石場的機械是一直在運作，卡車必須一部接一部去載，不能休息，我就跟她說：「不行喔！」

或許是因緣具足，中午吃飯時老闆說：「下午機械要修理，你們『走車的』（臺語音tsáu-tshia-ê，意為以開卡車為業的人）都要休息。」我馬上跟太太說：「今天下午休息，把小孩子都帶去聽。」那時老大才十歲，老二八歲。

那一場講座我聽得感覺很好，有《無籽西瓜》——臺北的紀媽咪[16]，〈路邊的董事長〉——林永祥師兄[17]，他是賣襪子的。結束後大家都在收拾場地，慈濟志工林美蘭[18]在臺上說：「大甲組、南投組，還有臺中組的……」我跟太太說：「有南投組的喔！聽得這麼好，我們也來當志工；我來問問有沒有電話，看要怎麼做。」我走上司令臺，說：「小姐，小姐，妳剛才有說到南投組的，有電話嗎？」

她看了我一下，從皮包拿出小冊子翻，告訴我說：「這都是南投的。」我一看差不多有八、九個人，我從旁邊的紙箱撕了一張紙板，把這些電話都抄下來。這裡面只有一個姓林的林容愉師姊，是住在中興新村的委

南投草屯南埔環保站利用地形，將低窪處隔成十個窟仔，分別放置回收的瓶瓶罐罐；四周利用彈簧床的鐵圈做成通風良好的圍籬，成了環保站的特色。（攝影／施龍文）

員。我也姓林，所以就打電話給她說：「林小姐，我想做慈濟委員，請問要怎麼做？我去妳家，妳講給我聽，好不好？」

我太太在旁邊說：「不是你想做，就可以做。」我在跟人家講話，她也插嘴。我忍不住回她說：「我做沒有錢的，還需要什麼條件嗎？」林容愉說：「我今天晚上要載小孩不方便，你打電話給張河圳師兄。」我就打電話給他說：「張先生，我想要當委員，不知要怎麼做？我去你家，好不好？」他說：「好。」我跟太太就去找他。

張河圳說：「要募款，專款專用。」募款有三種用途，國內有濟貧、建設和國外賑災。他說，募款時要寫捐款人的名字、身分證字號和住址、電話，還要問對方想捐的項目，他每個月再來收錢，又拿慈濟的刊物給我看，叫我去招募會員。

要找誰募款？慈濟功德會在花蓮蓋醫院，這裡沒有人看過，我就找最親的兄弟、姊妹。大家都是生意人，平時不會想捐錢，但是我這個弟弟在勸募了，他們就勉為其難，五個人就繳五百元，八個人就繳八百元。我告訴他們：「功德要做來囥，做好事、有好報。」那時不知怎麼說慈濟，只知道有在花蓮蓋醫院。經過一年，我就招募到四十五戶。花蓮在授證委員，張河圳叫我去觀摩，那是在花蓮授證的最後一次，隔年（1992年），我和太太在臺中舊分會[19]受證，法號惟松。

環保據點 遍地開花

因為景氣的關係，砂石場的承包金降低了，開砂石車划不來，我會開挖土機，就回家開工程行，換做營造業。我負責施工的部分，包括挖地基、做水溝基礎，自己有專業的挖土機、小山貓和卡車運送。

我在勸募時，上人就在提倡環保[20]了，可是我們草屯組的，是在1993年8月才開始大家一起做環保。那時候是利用每個月的第二個星期日，在草屯鎮公所前廣場[21]，每次大概都有二十個人左右。我的車子給慈濟用，由我開車載環保；後來大家集資買了一部三、五噸的小貨車，給簡棋煌[22]師兄開。我當時還是以事業為重，所以有空就去載，沒有空就沒去。

有一次環保日的傍晚，我做完工要回家，經過鎮公所，那時已差不多要暗（臺語，音àm，天黑之意）了，遠遠看到一個人拿著掃把在廣場上掃地，仔細一看，原來是簡棋煌師兄！每個人都回去了，只有他一個人默默地在整理場地，因為隔天一早，鎮公所的人就要來上班，要把場地歸還。看到他這樣在做，實在讓我很感動；不忍心讓師兄一個人孤單地做，從那之後，除非有其他更重要的事情，不然，我一定會去做環保。

差不多兩年後，回收的東西越來越多，鎮公所前的廣場太小，加上地面難免會留下油漬，塑膠袋又常常到處亂飛，鎮公所是公家辦公的場所，於是有人提議，找一個地方來做。組隊（草屯組）裡有人就說：「是不是可以去找福元批發倉庫[23]的經理借場地？」因為福元的經理很護持慈濟，如果慈濟辦活動要借場地，他都會願意。

簡棋煌師兄去找經理，很順利就借到停車場。福元批發倉庫的停車場很大，我們在靠西北角的地方，用竹竿撐著黑網，不會影響到顧客停車，也是一個月做一次。

堆積如山的回收物，經過環保志工四、五個小時的分類、整理，已全數清空，接下來的工作是刷洗地板，所用的水就是環保站收集的雨水。（攝影／施龍文）

後來，社口（彰化縣芬園鄉社口村）的志工回到自己的社區做環保，他們是一個星期做兩次；新庄仔（南投縣草屯鎮新庄里）的志工也回去他們自己的地方做環保，他們是一個月兩次。

剩下來的人就想，在別人的地方做環保，每次都一定要清理完才能走，加上上廁所不方便，吃中餐時更是克難，都用紙板架在塑膠籃上面當餐桌。有人就說：「我們回去草屯聯絡處[24]做環保吧！」（2005年）就在聯絡處旁的空地做環保（草屯環保站）[25]，直到南埔環保站啟用，我們才回到南埔。每一次的變動都是好因緣，能接引更多人，從開始一個地方做環保，擴大到南埔、草屯、新庄和社口這四個環保站。

規劃南埔環保站 用心加貼心

說到南埔環保站的成立，就要從一位發心的女士說起。這位女士大德看到慈濟在各地的環保站，都有那麼多老人家在做環保，就想也為地球盡一點心力，於是想找一塊地蓋環保站給大家耕福田。她透過仲介找到南埔環保站這塊將近五百坪的地，發現錢不夠，將地貸款，把地捐給慈濟，自己負擔利息，直到本息還清。

這位女士跟梁世建師兄[26]熟識，土地移轉後，梁世建把這件事情告訴組隊長莊佳賢（和氣隊長）和彭秀蓁（和氣組長）。組隊長都說：「這塊地要規劃的話，就要找阿國（林金國）。」他們來找我，我回答：「可以啊！」我從接觸慈濟，都在做環保，又會開挖土機，所以基礎、擋土牆都由我來規劃。

在這之前，也就是南埔農地重劃[27]後，我二哥介紹我去標購到一百坪的畸零地，剛好跟這位女士捐的地連在一起，可以併用，也就是現在停車和放兩個大水塔的地方。地是兩面路（臺語，意為位置兩面各有一條道路），因為面向堤防的路地勢較高，加上回收的東西多，就決定以堤防路為正門。

從米粉工廠回收的大型塑膠桶，經過整修補漏，就成了最佳的集水桶。站內九個水桶所收集的雨水全都裝滿，可達九十五噸，供環保站四、五個月澆花、清潔等使用無虞。（攝影／施龍文）

南埔環保站在2018年11月27日獲得經濟部水資源局頒發的「節水公益獎」，嘉許環保站主動投入節水行列，為節水工作共盡一分心力，做為節水的標竿。（攝影／陳麗雪）

兩條路地勢不一樣高，換句話說，這塊地是斜的，所以要囤土，也要做擋土牆。要囤免費的廢棄土必須等待機會，進度就慢；要快就要用買的，但要花很多錢。有一天，我太太說：「不要再等囤土了，就來格窟仔（臺語keh-khut-á，挖窟窿、坑洞之意）。」我想想，可以喔！就將地勢比較低的地方隔成窟仔，南埔環保站共有十個窟仔，在地面以下兩米深，很少見。

我連晚上睡覺都在想，要規劃環保站，廚房要設在哪裡？廚房是煮呷的（臺語，音tsú-tsiah-ê，意為煮食物之處），一定要在風頭（臺語，音hong-thâu，意指上風處），不可在風尾（臺語，音hong-bué，意指下風處）。環保站做分類時，多少會產生灰塵，如果廚房設在風尾，門一開灰塵會跑進去，不衛生也不安全。

分類場所要怎麼設？如果向東，早上陽光會照到環保志工；向西的話，志工只在上午做環保，太陽西照時，志工就休息了。環保站的位置是吹北風，北邊的門一打開就很涼，通風好；如果光線又好就會省電，所以一定要挑高。要挑高我就想到，環保站的鐵料如果都買全新的，一定要花很多錢，不知是否有二手的？

梁世建師兄告訴我，霧峰有一家回收工廠要拆除，大概有二、三十支八、九米長的鋼骨，因為二手的比較便宜，於是我將所有的鋼骨都買回來。要把鋼骨裁剪掉也可惜，乾脆全部用，再來規劃兩個樓層，從三分之二高

每週一、三、五是南投草屯南埔環保站的環保日，每次大約都有六十位志工一起做環保。（攝影／魏玉縣）

南埔環保站是「福很多」的環保站，進入分類場所大門兩側，各掛了七個回收的茶壺，分別寫上「福從做中得歡喜」、「慧從善解得自在」。（攝影／施龍文）

處，大約六米高的地方隔開，規劃一間三米高、十八米長、十二米寬的佛堂，其他部分挑高做分類場所，比較不會悶熱。

巧思雨水收集 省水電還得獎

把鋼骨架好，突然間發現，鐵架這麼高，下雨的時候，雨水直接流到水溝很可惜。於是就想到，在男女眾廁所上面有個平臺，就用來放水塔；另外一邊，鋁罐回收區上面也做一個平臺放水塔。沿著屋簷裝上集水槽，從屋頂流下來的雨水可以集中，再經由水管引到水塔裡面。這樣一來，沖馬桶或洗手套、洗地板的水應該夠了，而且水塔放得那麼高，水的沖力大，不用裝加壓馬達，這樣也省電，就開始規劃。

在社口，有位米粉工廠的老闆娘是沒有受證的慈濟志工，她請我去工作。跟我說：「阿國師兄，我們有好幾個十噸的塑膠桶，都有小裂縫，會漏水，給你們回收好不好？」我說：「好，好，好。」我從桶裡面，在有裂縫的地方貼上不鏽鋼片，用螺絲鎖起來，塗上矽利康，再從外面圍上一圈鋼板補強，就不會再漏水，即使漏一點點也沒關係，就很好用。目前有九個水塔，外加一個容量六噸的地下水窖，全部裝滿可以到達九十五噸，足足可提供環保站四到五個月使用。

南埔環保站每週一、三、五是環保日，每次大約有六十位環保志工，兩個月大約一千四百人次，除了廚房用自來水，其他如上廁所、洗手、洗手套和洗地板、澆花等都用回收的。水費在三百元上下，比一個家庭還省，一般家庭大概也要四、五百元。我們還得到經濟部水利署頒發省水獎[28]，有獎品和獎盃喔。

好好做 厝邊隔壁逗相報

南埔環保站全都蓋好時，我想：「環保志工要從哪裡來？」草屯、社口、新庄環保站都有固定的人做環保，我們這裡多了一場，人要從哪裡來？

太太聽我這麼說，回了一句很有意思的話，她說：「只要我們好好的做，志工會自己來。」我們做給人家看，志工就會來，聽她這樣說我就安心了。環保站開始運作後，真的，我們這樣做，志工回去口耳相傳比較快。他們都邀隔壁鄰居：「慈濟那邊很好，在那裡做環保，九點半有點心可吃，十一點半就可以回家睡午覺，很好。」一個傳一個，人就多起來了。

南埔環保站是一個互愛、三個協力[29]，剛好星期一是協力一、星期三協力二、星期五協力三，三個協力輪流煮香積。環保站運作到今年（2020年）的10月9日剛好九年，其中有很多特色，是透過很多人合力完成的。

志工李瑞杉是公務人員退休，擅長寫書法的他，將每句靜思語寫得活靈活現，矗立在堤岸旁，隨風搖曳迎客人來。（攝影／魏玉縣）

家裡做挖土機生意的林金國，在環保站放了一部挖土機。放置回收物的寮仔滿了，便動用挖土機壓碎，或搬移上環保車，可以節省許多人力。（攝影／施龍文）

改造的「雨傘推車」，不但可將分類好的回收物推到集中處，晴天、雨天更可遮陽、擋雨，是南埔環保站的特色之一。（攝影／魏玉縣）

移動式的遮陽棚可以在環保站內隨處移動，能遮陽又通風；雨天也可如常做環保。（攝影／魏玉縣）

環保入門 福（壺）很多

環保站建置好之後，有一次，我經過南埔的社區，看到一根電線桿上面掛著五個茶壺，每個茶壺裡都種了花草，有個人拿著水管在澆水。我問：「這根電線桿上掛著五個茶壺，是什麼意思？」他說：「五福（壺）臨門。」

哎呀！咱的（臺語，音lán-ê，意為我們的）環保站也可以！環保站在鄉下，也回收到很多茶壺，大的、小的、不鏽鋼的都有。「我也來掛，你要來環保站幫阮（臺語，音guán，我們之意）看看。」我在環保站正門的兩側各掛了七支茶壺，一邊寫上「福、從、做、中、得、歡、喜」，另一邊是「慧、從、善、解、得、自、在」。那個人掛五支叫「五福臨門」，這裡共有十四支，叫做「福（壺）很多」。

我跟志工們說：「來做環保是福很多，福從做中得歡喜，來做環保要歡喜才有福，沒有歡喜就沒有福；慧從善解得自在，來這裡做善事，不可能永遠平安，不平安的時候要善解。」要想說：「還好，重業輕報。」大家都會感冒，不能說我都來做善事，怎麼會感冒？要善解才會自在，自在才會福慧雙修。

從臺灣省政府退休的李瑞杉師兄，他的興趣是寫書法，環保站的靜思語都是他寫的。他在回收的木板上刷上白色油漆，寫上靜思語，分別固定在河堤的水泥柱上；他也很有創意，看到回收的CD片，把它們串起來，風一來，CD片就會旋轉；第二代就用電風扇的葉片，中間串起來，風一來就會轉；第三代換成腳踏車的輪子，把輪框綁起來，再綁上葉片，又大又轉得快，我們都稱他為「風車爺爺」。這些風車跟靜思語一樣，也固定在河堤的水泥柱上，從中正路沿著河堤進來，風車在轉，又有靜思語可欣賞。

愛物惜福 巧運用有智慧

環保站裡，分類好的東西放在十個窟仔裡，也是很少人用的。環保志工把分類好的瓶瓶罐罐分別倒進窟仔裡，靠近人站的地方會比較快滿起來，我用挖土機壓平再推到後面，每個窟仔就可容納一部十七噸大卡車的載量。挖土機是我家的，免費放在這裡使用。

雨傘推車也是一個特色。從分類場所到窟仔有一段距離，我用回收的鐵架焊接成一部大推車，上面固定一支大型的傘，就變成「雨傘推車」，一次可以擺上七、八個塑膠簍筐。環保站有四部雨傘推車，不但節省人力，也可以遮太陽、遮雨，不會影響工作；還有活動式的遮陽棚，是用四根兩米半高的鐵架，下面焊上四個大輪子，上面用大概四米長、三米寬的鐵架圍起來，裝上鐵皮屋頂，再掛上塑膠繩隔熱，又大又漂亮，下雨天要做分類，可以來回移動繼續做。

臺北有一位師兄的老家在南埔環保站附近，三年前花將近四萬元買了一棵羅漢松來種。兄弟要分家產，羅漢松分在弟弟那裡。他找到買主轉賣，叫我開挖土機去挖，後來因為價錢談不攏，就不賣了，捐給環保站。他跟我說：「你挖回去要種，我會去看。」我說：「會，隨時歡迎你來。」他們夫妻都有來看過了。那棵羅漢松很特殊，一層一層的，上人也有看過。我在導覽時會說：「上人說，環保站是道場，我們的道場也有護法，是『羅漢』在護法。」

為了不要汙染環境，電冰箱、洗衣機等大型家電紙箱裡的保麗龍，我們都會回收後交給環保局的清潔隊去處理，這是沒有錢的；保麗龍杯、保麗龍餐具等，因為很蓬鬆、很輕，一公斤才十塊錢，一般的環保站和資源回收廠商都不回收，當垃圾丟掉，我們這裡有回收，半年或一年才賣一次，一整窟滿滿的，大概也只賣到兩、三千元。

再來是玻璃瓶，很佔空間、很重，也很危險。南埔環保站的玻璃瓶分三種顏色：白色，透明的；咖啡色，像維士比；還有綠色。廠商說，我們如果分好，價錢會比較好。單價雖然不高，但一部車賣起來也有好幾萬元。很多環保站都會載玻璃瓶來給我們，甚至資源回收商也會免費送給我們，載回來分類再拿去賣，所以連回收商都不喜歡回收玻璃，我們做得比回收商還要完整。

南埔環保站成立以來，可能已經有幾百個海內外團體來參訪過了。大家會來看，是因為我們的環保站做到完全化。有團體回來臺灣或到花蓮，上人都會告訴他們：「如果還有時間，要去環保站走一走。可以去彈簧床的環保站，或是福很多的環保站。」上人說的就是南埔環保站。因為掛了很多茶壺，而且是用彈簧床的彈簧做圍籬。

有一次我到臺中開會時，請教別人，「環保站用什麼做圍籬，可以省錢又方便？」有人建議我，可以用彈簧床的彈簧。我想想，可以喔！有人要搬家或換床組時，都會有不要的彈簧床，我們就去載回來，把外層用切割機器切開再剝掉，剩下裡面的彈簧，一整件四四方方的，剛好可以拼起來做成圍籬，既通風又可分內外。

祖孫說唱推環保 希望地球會更好

上人來的時候，我都跟上人說：「感恩上人，您都幫我們宣傳！」常住師父也知道，都會帶人來這裡看。一臺小車九人座也好，大巴也好，曾經有十一部遊覽車分兩天來，是海外慈濟人來臺中參加營隊的。

我們有分動線，很多人在帶。我的五個孫子也會帶動

南投草屯南埔環保站自2011年10月9日啟用以來，已接受超過一百個團體參訪，每次有團體參訪，林金國總是化身為最佳導覽員，細說環保站的各項特色。（攝影／歐明達）

有團體回來臺灣或到花蓮，證嚴上人都會告訴他們：「如果還有時間，要去環保站走一走。可以去彈簧床的環保站，或是福很多的環保站。」上人指的就是南埔環保站。（攝影／陳麗雪）

只要有團體參訪南投草屯南埔環保站，林金國必是動員寶貝孫子一起說唱環保，充滿童趣又意義深遠的環保歌謠，總是逗得參訪來賓哈哈大笑。（攝影／林銀珍）

唱：「今日做環保，明日會更好，家家幸福就沒煩惱；一雙手做環保，子孫環境一定好；一顆心做環保，拯救地球要趁早，要—趁—早—好不好？」大家會說：「好！」詞是一個志工寫的，我們把它背起來。

國語唱完還會用臺語唱：「臺灣、臺灣環保志工真正好，厝邊隔壁攏呵咾（臺語，音lóng-o-ló，皆讚賞之意），咱要認真做環保，子孫代代沒煩惱，咱的環境也一定好，一一定一好一，好不好？」大家都說：「好！」接著又說：「有打噗仔（臺語，音phah-phók-á，拍手叫好之意）的，恁兜（臺語，發音：lín tau，你家之意）好額人（臺語，音hó-giah-lâng，有錢人之意）；沒有打噗仔的人，恁兜開銀行！」大家都鼓掌，這樣就把氣氛帶動起來了。

參訪後我們會問：「感覺怎麼樣？」大家都很讚歎地說學習很多，包括環保站的特色和帶動方式，都值得一看。所以，來參訪的人真的很多，大家都收穫滿滿，回去也會互相宣傳。

以身行帶動 全家做環保

我有兩個兒子，有個女孩了要介紹她的朋友給我小兒子，朋友問介紹人說：「那個男孩子在做什麼？」她說：「他們家在開挖土機。」她的朋友說：「開挖土機的，不要！」這位女孩問：「為什麼？」她的朋友說：「開挖土機的，檳榔、菸、酒、賭博樣樣會！」這位女孩回答：「他們家雖然是開挖土機，可是家裡吃素，爸爸、媽媽都是慈濟人。」她的朋友就說：「好啊！介紹看看。」見面之後覺得不錯，帶回去給父母親看，她媽媽一看到就說：「好！」

我們今天有做慈濟，自然有形象；我兒子不吃檳榔、不喝酒，因為我做給他們看。我一直交代他們，人家請你吃，請你喝是不用錢，上癮之後，換你要買來請人家。不抽菸，就跟人家說：「不抽」就好了，我都這樣

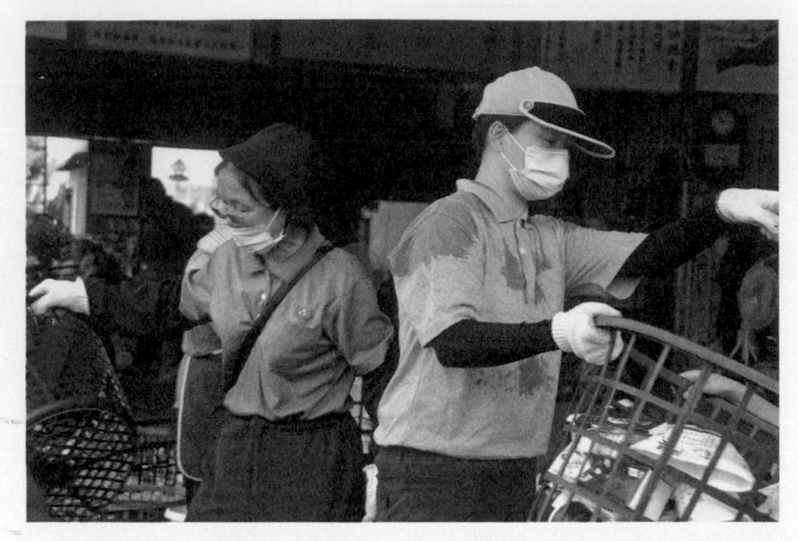

每逢環保日，林金國的太太陳琬瑜（左）和媳婦李叔玲（右），都會到環保站做環保。（攝影／施龍文）

教他們。

我跟兩個媳婦說：「妳媽媽當初嫁給我的時候，我也不希望她上班，帶孩子很辛苦，晚上常睡不好，白天又要上班。我也希望妳們生了孩子之後，要顧家，也要顧孩子，不要去上班，一、三、五早上來做環保。」

兩個孩子繼承我的事業，每個月領薪水，兩個媳婦雖然不上班，每年我也會給她們獎金。她們很聽話，每週一、三、五做環保，大媳婦星期二還去學校裡面當大愛媽媽[30]，當司儀也當音控，多項全能。環保站裡最年輕又最正常到的，大概就是我的媳婦了。「你看，阿國的兒子、媳婦、孫子都會來做環保。」我們做給人家看，人家也都會看。

錢夠用就好 做志工最快樂

我是聽上人說法，錢是人人愛，錢賺再多也帶不走；帶得走的，只有功德跟罪惡。曾在網路上看到一句話：「有錢也是苦，沒錢也是苦；什麼不苦？知足的人不苦。」我應該要知足，身體還很健康，可以付出就盡量付出。

錢，我不是很多，夠用就好。該賺的時候去賺，該做志工就做志工，這樣的人生很快樂。到這種年齡，事業就交給年輕人去做，我應該要為未來要去哪裡打算，不要跟錢糾纏。那麼拚做什麼？千拚萬拚又帶不走，花不完的還不是留給子孫！來做志工，不是很快樂嗎？

每個人的興趣不一樣，叫我拿筆、打電腦，我也不會，我不是那種人才。但是布施體力行動，開車載回收、搬東西，比較適合我。曾經有人問起我的事：「阿國在開挖土機，可能最近都沒有工作，才在撿回收賣。」我不會去理會。我做我高興的，我載回收、撿回收不但沒有錢，還用自己的車，自己付油錢，我做得非常歡喜。

一路做環保將近三十年，我最大的收穫就是，很清楚

林金國說：「錢，我不是很多，夠用就好。該賺的時候去賺，該做志工就做志工，這樣的人生很快樂。」

知道什麼叫做「資源」，什麼叫做「垃圾」。最近幾年，我受邀到各社區宣導環保的時候，發現很多人都不知道「資源」和「垃圾」的分別，不是全部丟掉當垃圾，就是全部丟到資源回收。

還有，一般人都不知道塑膠的分類已經到第七號[31]，有的有毒，有的沒毒；有的可加熱，有的不能加熱。哪些塑膠可微波？不知道，所以要去宣導。我到各地宣導環保，也做環保，都是用歡喜心。我要賺沒有錢的，而不去賺有錢的。

逢大災 挖土山貓有大用

九二一地震時[32]，我也是受災戶，房子內外都受損，卡車也被壓到。遠遠看到南投酒廠火焰沖天，心想，這場災難這麼大！太太告訴我，災難這麼大，出門要穿藍天藍褲。我將挖土機開上拖板車，開到外面看是否有哪裡需要幫忙。到南埔將軍廟[33]時，看到往埔里的路已經扭曲變形，遠遠有人跟我招手，說：「開挖土機的，趕快啦，裡面有人還活著。」我一看，四樓房子剩下兩樓，只有三、四樓還在。他們用手在敲水泥牆壁，我靠過去問：「人在哪裡？」聽到「咚咚咚」的敲擊聲回應。

我趕快叫我孩子將另外一部挖土機開過來，一部用來破碎，一部用來挖，終於順利把人救出來，送上救護車，還好沒有受多大的傷。旁邊有一個女人又說：「開挖土機的，我媽媽已經救出來，還有我爸爸。」我說：「妳爸爸在哪裡？」她說：「我不知道耶！不知被震到哪裡去？」我想如果要把整棟樓房都敲碎，要到何時？所以我問她：「妳爸爸睡哪一間？」她說：「二樓靠近陽臺那一間。」我用挖土機從陽臺將鋁門窗破壞，就看到彈簧床上面躺著一個人，被三樓的樓板整個壓住。再用挖土機從彈簧床底下破壞，將床勾住連人拉出來，人都已經僵硬了。

我就這樣開著機具到處去，來到草屯公園，鎮公所旁往埔里的路，路面上下落差很大，有人臨時用級配[34]固平，經過的車子輪子會空轉，我就去維修，顧著那條路，讓救災的車輛、民眾的車子可以順利通過。就這樣在外面跑了兩天，後來就投入慈濟組合屋的建設。

八八風災[35]時聽到新聞報告，林邊[36]地區受災嚴重，很需要小山貓搶救災區。我和一個師姊的先生，各自出動一部小山貓，我用卡車載著兩部小山貓，一早就出發到林邊集合，等候分派工作。在那裡兩天，除了用小山貓，也用人力幫忙清除淤泥。後來慈濟在杉林大愛園區[37]要蓋永久屋，聽到羅明憲師兄呼籲，需要小山貓去幫忙推土，也去了好幾天，需要用到的機械，我都有去支援。

環保永續 要有人一起來

我開「金國重機行」已經三十年了，原來是工程行，後來兒子改成重機行。環保站的環保車是大家募錢買的，都用我的行號、我的名字。

做慈濟，不管做哪一項，賺的是歡喜心。我會跟兒子說：「我今天要做環保，不跟你們去工作。」我可以帶很多人去載回收，人家會說：「阿國也有來做。」給人家向心力，大家都會說：「我也要去環保站，人很多。」如果大家都說：「我今天沒空，我要去工作。」

暑假期間，林金國的媳婦和孫子都會到環保站幫忙。（攝影／施龍文）

南投草屯南埔環保站的志工修福也修慧，整理好所有的回收物，齊聚在佛堂前誠心念佛。（攝影／施龍文）

這裡就寥寥無幾，就做不下去了。

環保站要的是永續經營，總是要有人來，人來了，就膨膨大（臺語，音phòng-phòng-tu，發展很快之意）了！

---

1 中原國小： 1953年（民國42年）8月20日，創立於土城國校中原分班。班址在中原里永和宮集會所。（一年級三班），1954年9月，奉准獨立為「中原國民學校」（一年級四班、二年級三班，全校計七班）派林耀東先生為本校首任校長，以拓荒者精神整頓校園增建簡陋教室，升學率聞名中部。資料來源：南投縣草屯鎮中原國民小學網站。https://reurl.cc/j7x6m1（2020年7月31日檢索）

2 旭光國中：南投縣立旭光國民中學，成立於1968年（民國57年）8月，時值政府推展教育革新，實施九年國民義務教育之際，學校設立於草屯鎮富寮里現址，收受富功、中原、土城、平林、坪頂、雙冬等國小及部分草屯國小和僑光國小之畢業生。2001年8月，經奉南投縣政府核准成立為旭光中學，是南投縣第一所完全中學，也是草屯鎮第一所高中。資料來源：旭光高級中學網站https://reurl.cc/avr6el （2020年8月4日檢索）

3 出售小型農用機械的店，如割草機、消毒噴霧機等等。

4 大明高中：1964年（民國53年）創校，設有國中部、高中部普通科、暨高職部。資料來源：大明高中網站。https://reurl.cc/Nj3O25（2020年7月31日檢索）

5 德隆製油廠股份有限公司，1960年（民國49年）2月核准設立（工廠設在臺中的進化路，後來到梧棲買地擴建），2011年解散。資料來源：臺灣公司網https://reurl.cc/k0l8dG （2020年9月17日檢索）

6 西工：就是焊接師傅，也就是鐵工。西工師傅還要會十八般武藝，包括操作天車懸吊重物，裁切鋼板形狀、製作看板或組裝鐵門，全難不倒西工師傅。西工專門處理金屬鋼鐵的相關工作，因為是從外來的技術，所以就有了「西工」的這個名稱。資料來源: ETtoday新聞雲 https://reurl.cc/KkZRW9 （2020年7月31日檢索）

7 車床，車床是主要用車刀對旋轉的工件進行車削加工的工具機。在車床上還可用鑽頭、擴孔鑽、鉸刀、絲錐、板牙和滾花工具等進行相應的加工。車床主要用於加工軸、盤、套和其他具有迴轉表面的工件，是機械製造和修配工廠中使用最廣的一類工具機。資料來源：每日頭條。原文網址：https://reurl.cc/GrVM5v（2020年8月20日檢索）

8 軍法組：為貫徹軍中人權及軍事審判獨立的精神，軍事審判法於2000年完成修訂，原先屬於馬防部幕僚單位的軍法組，於2000年10月2日正式改制獨立，歸屬北部軍事法院管轄，並分設馬祖分院與馬祖分院檢察署兩個單位。

9 班長：為軍中中士官階的職務之一。

10 一貫道，發自中國山東，是華北地區九百餘種民間宗教之一，最初只是侷限於青州一隅的小宗教，自1930年代，張天然、孫素真同領天命之後，才迅速發展起來。1945年底，鮑炳森、陳文祥、楊依文三位前人來臺傳道，在宜蘭開設天德壇，隨後於臺北市開設歸元本壇。是年年底，一貫道受到國民政府的打壓，天德壇就此消失。一貫道在地化的重要指標，一是在本地人家中安設佛堂，二是興建大廟。佛堂的設立，代表一貫道在地化的開始；而大廟的興建則代表了在地化的完成。此外，由於一貫道特別的飲食習慣，產生了學生伙食團，吸引不少大專青年信眾，有助於一貫道素質的提升。1987年，國民政府為緩解民主化的壓力，宣布解除對一貫道的禁令。

11 求道：「求道」儀式是一貫道道親自我身分人同的宗教儀式，也是進入一貫道必要的門檻，經過此一儀式後，才可算是一貫道的「道親」。資料來源：一貫道研究https://reurl.cc/AqEXyQ（2020年8月7日檢索）

12 歐吉桑（日語おじさん）是對中年、老年男子的稱呼。資料來源：教育部國語辭典簡編本。https://reurl.cc/m9ddl7 （2020年8月13日檢索）

13 李俊男：即聖心法師，本名李生傳，原為知名廣播主持人，李俊男為其藝名。法號聖傳，字藥惠，人多稱藥惠法師，生於1936年，2009年9月圓寂。創五聖堂、佛陀照明天下功德會、報恩雜誌社等，以建立孝道世界與製藥為弘法方針，是少數運用電視媒體弘法的宗教家之一。資料來源：人間福報https://reurl.cc/rxzXxr（2020年7月30日檢索）

14 1991年臺中舊會所尚在整修，借用東峰國中開會，會中有紀媽咪和林永祥分享，與證嚴上人開示。（陳琬瑜口述補充）

15 李惠瑩：慈濟志工，法號靜淇，大愛劇場《紅塵驛站》是靜淇的人生故事。1986年4月8日開始中廣臺灣臺每週一到週六早上六點半到七點播出「慈濟世界」，由李惠瑩製作主持。中廣臺灣臺收聽範圍是大中區，兩個月後，中廣又提供寶島網每週日半小時調頻時段，全臺灣都可收聽得到。資料來源：《慈濟月刊》第587期「回首音緣路，大愛廣播30年」2015年10月發行。https://reurl.cc/7oXmAd （2020年8月19日檢索）

16 紀媽咪：臺北慈濟委員紀陳月雲，證嚴上人賜法號「靜暘」，著有《無子西瓜》一書，慈濟志工暱稱為紀媽咪。

17 林永祥：《路邊董事長》是一部以描寫慈濟志工林永祥的真實人生電視劇，故事描述一個離不開賭博，忘記妻兒生活需求的男人，與太太葉鑾鳳經歷人生大小考驗，越老越懂得相互珍惜。

18　林美蘭：大愛劇場《路長情更長》敘說慈濟志工林美蘭的故事，林美蘭小時候家庭經濟優渥，後因媽媽好賭，三番兩次被人追賭債，逼得離家逃債，全家也因此分離各處，林美蘭是孩子中的老大，所以要承擔顧弟弟妹妹的責任，高中只讀到高二就輟學開始打工，協助家裡的經濟。二十三歲時與王萬發結婚，自己經營委託行，1980年接觸慈濟後，慢慢就將事業收起來，全心投入慈濟，從承擔訪視、組長、活動組、國際賑災等功能，是中區非常資深的慈濟委員。

19　臺中舊分會：現今之慈濟民權聯絡處。（臺中市西區民權路314巷2號）

20　1990年8月23日，證嚴上人應吳尊賢文教公益基金會之邀，於臺中新民商工演講。清早出門，見夜市收攤後，街上卻留下大量垃圾。演講結束，看到大家用雙手熱烈鼓掌，便說：「請大家把鼓掌的雙手，用在撿垃圾、掃街道、做資源回收，讓我們這片土地變成淨土；垃圾變黃金，黃金變愛心」。上人一句輕輕的呼籲，住在臺中豐原的楊順苓小姐隨即起而行動，在鄰里之間推動「資源回收，贊助慈濟」。同年9月上人再度行腳至慈濟臺中分會時，楊小姐向上人說明落實環保的點滴。於是，慈濟人自此紛紛響應環保的善舉，從社區出發，在社會各角落從事資源回收，身體力行闡揚「惜福愛物」的觀念，並帶動左鄰右舍共同愛護地球。資料來源：慈濟全球資訊網https://reurl.cc/14Qol8（2020年8月13日檢索）

21　九二一地震時，草屯鎮公所毀損另地重建，此處即現今臺灣手工藝中心停車場。

22　簡棋煌：是草屯第一顆環保種子，初期他善用下班時間騎腳踏車沿路回收，後來全心投入還曾被民眾誤以為是拾荒者。他帶動環保總是靜靜地做，用最真誠的心感動他人。資料來

23　福元批發倉庫：現今「草鞋墩觀光夜市　、「寶島時代村」所在地。

24　草屯聯絡處：南投縣草屯鎮碧山路859號，原為慈濟志工莊雪娥家的建材行，由慈濟購下，作為草屯聯絡處。

25　草屯環保站位於草屯聯絡處旁，是利用921地震後的大愛村建材搭建而成，充滿環保概念，而當年入住大愛村的因緣，讓不少受災鄉親因此走入慈濟，現在也仍在這裡付出，持續用雙手守護大地。資料來源：大愛行https://reurl.cc/gmzyo4 （2020年8月31日檢索）

26　梁世建：草屯區慈濟志工。曾在2016年2月臺南地震期間，開著中型貨車，車上裝滿由住在集集的陳劉阿桂、陳麗珠母女所提供的五十箱蔬菜、水果超過九百斤物資送至臺南靜思堂；受母女倆的善舉感動，梁世建發心再送一百箱蔬菜，提供災民、救難人員和志工食用。資料來源： https://reurl.cc/EzZlNa （2020年8月29日檢索）

27　農村社區土地重劃主要為改善農村生活環境，促進土地合理利用。資料來源：內政部土地重劃工程處網站https://reurl.cc/j574kn（2020年8月19日檢索）

28　3月22日是「世界水資源日」(World Day for Water)，節水、省水是目前永續水資源最重要的共識與共行，經濟部水利署為鼓勵及感謝全國各行各業落實推動節約用水，於2018年11月27日於中正紀念堂舉行「2018愛水節水表揚大會」，並特別頒發「節水公益獎」嘉許國泰人壽及慈濟基金會於主動投入節水行列，為節水工作共盡一分心力。在經濟部水資源局發行的《節水紀實》中，特別提到一處慈濟環保站做為節水的標竿，它就是位於南投草屯地區的慈濟南埔環保站。資料來源：蕃薯藤網站報導https://reurl.cc/5qlnLn（2020年8月19日檢索）

29　互愛、協力：為慈濟組織架構名稱，2003年，慈濟經過三十多年的發展，成員人數快速增加，有感於整體運作上仍有再調整的空間，證嚴上人提出了新的組織架構—立體琉璃同心圓、四門四法四合一。四合一的組織架構，打破了原本以組長、隊長為主導的模式，期待慈濟人在和氣互愛的互動中，人人都能合心傳承慈濟精神與法髓，人人都能協力付出大愛、攜手同行菩薩道。資料來源：《證嚴法師菩提心要》〈慈濟的故事（四十六）－深入鄰里 琉璃同心〉https://reurl.cc/bR5OR6（2020年8月19日檢索）

30 大愛媽媽，1998年開始慈濟大愛媽媽走入校園，這群大愛媽媽，他們有的人是退休的國小老師，有的是家庭主婦，他們的共同心願是希望傳達善的理念，端正孩子的品格教育。大愛媽媽利用小故事讓大家懂得大道理，大愛媽媽也利用了靜思語，靜思語告訴大家什麼是好事、什麼是壞事。大愛媽媽來到了好多個學校，說故事給小朋友聽，就好像幫小朋友、老師撒下了小小種子，當小朋友長大到出社會後，這些種子將會長大發芽，長成一棵大樹，影響更多人。資料來源：文山區大愛媽媽網站（2020年8月20日檢索）

31 1號PET(聚乙烯對苯二甲酸酯)、2號HDPE(高密度聚乙烯)、3號PVC(聚氯乙烯)、4號LDPE(低密度聚乙烯)、5號PP(聚丙烯)、6號PS(聚苯乙烯)、7號OTHER (其他)。

32 1999年9月21日，凌晨1時47分15.9秒，芮氏規模7.3的百年強震震撼全臺。這場地震不但是20世紀臺灣本島最大的地震，更寫下臺灣地震史上傷亡第二多的紀錄：2,454人罹難，逾10萬戶住宅倒塌。資料來源：報導者網站，https://reurl.cc/N66aZq（2020年8月20日檢索）

33 將軍廟位於中潭公路邊，廟區分隔為二，以天橋相連接，此廟香火鼎盛，膜拜的信徒絡繹不絕，每年10月10日都舉辦祈安醮典，熱鬧非凡。由於神威遠播也常庇佑信徒心想事成，所以「酬神演戲」時常可見。由於信徒有感於文化工作的重要性，合捐款3千萬元興建文教活動中心，面積達2百坪，設施包括演奏廳、陳列館、圖書室、會議室等，完全以藝文活動為主，有別於一般寺廟的用途，是全省第一座有文教活動中心的寺廟。資料來源：南投光觀旅遊網https://reurl.cc/e885Xb（2020年8月20檢索）

34 任何一堆土壤或碎粒岩石，其各種粒徑之顆粒，分別各佔該堆土壤（或碎粒岩石）重量上的比例，稱為該堆土壤（或碎粒岩石）之級配。級配優良者，大、中、小之顆粒皆有之；級配不良者，其顆粒常集中在某一粒徑；殘缺級配者，含粗粒及細粒但欠缺中間尺寸之顆粒。資料來源：國家教育研究院雙語詞彙、學術名詞暨辭書資訊網https://reurl.cc/n07mqn（2020年9月17日檢索）

35 2009年8月4日，編號第8號的中度颱風在菲律賓東北方海域形成，按照國際協議，這個颱風輪到泰國命名，而泰文中的Morakot，原意是指綠寶石，就此被翻譯成莫拉克。雖然名字聽來很浪漫，可是，莫拉克最後卻在臺灣造成慘重的災情和損失。為此，到了2011年6月，世界氣象組織颱風委員會決議，把莫拉克永久除名於颱風命名庫。不少人提到莫拉克，首先想到的就是破紀錄的超大豪雨。在颱風橫掃全臺那三天，莫拉克一共帶來2854毫米的恐怖雨量，除了淹水及河川高漲之外，更造成堤防毀損、山崩、土石流等前所未料的複合式災情。資料來源：城市學網站專題報導。https://reurl.cc/Mdd79k（2020年8月20日檢索）

36 林邊鄉開闢於清代乾隆20年間，形成一個村落；西元1900年日據時代設林仔邊庄，庄內為林仔邊及七塊厝兩區；1920年地方制度改革，將七塊厝庄內之三西河及下廓割歸東港管轄，其餘村落改稱林邊庄；1945年本省光復，林邊庄改為林邊鄉；迄至1950年地方自治正式實施鄉長民選，因溪州地區(現在之南州鄉)提出分鄉要求，至1951年3月經省政府核准分為林邊鄉與南州鄉兩鄉。資料來源：屏東縣林邊鄉公所網站https://reurl.cc/0OOzGk（2020年8月20日檢索）

37 杉林大愛園區：由中央、地方政府與災民協調規劃，慈濟建造的永久住宅，從2009年11月15日動工。慈濟人秉承證嚴上人「用蓋自己家園的心，來為受災鄉親建造一間舒適又安全的家園」之理念，日以繼夜、挑燈夜戰地與時間賽跑，終於在「莫拉克颱風」肆虐後的的八十八天，完成一棟棟由鋼構、輕鋼構的雙併、雙層住宅家園，鄉親也在全球慈濟人祝福下，一批批搬進園區安居過生活。資料來源：慈濟全球資訊網專題〈用愛展現奇蹟〉 https://reurl.cc/Z77Q7A （2020年8月20日檢索）

揮別憂鬱 能做才是好命

林桂香訪談紀錄

一個人想要做好事，光有心，沒有
具足的因緣也很難。

——林桂香

◎訪談：林淑懷
◎記錄：林淑懷、江惠君
◎日期・地點：2020年2月14日・林桂香家
2020年2月26日・林桂香家

【簡歷】

林桂香1952年（民國41年）出生於臺中縣霧峰鄉（現今臺中市霧峰區），父母務農，兄弟姊妹七人，她排行第三，是家中的獨生女。九歲讀國民小學一年級，十五歲畢業。十六歲學習美髮，二十三歲自己開業，二十八歲結婚後育有二子。1991年認識慈濟，1994年受證慈濟委員。

1952年12月9日，我出生在臺中縣霧峰鄉（現為臺中市霧峰區）的農村大家庭，爸爸有八個兄弟姊妹，他是老大，要養自己的孩子，也要負責阿公阿嬤的醫療費用，還要貼補大家庭的生活開銷，負擔相當沉重。我有兩個哥哥，四個弟弟，但五弟和六弟都不幸在一歲左右就走了。我雖然是獨生女，但是沒有比較好命，每天要幫媽媽做家務，洗衣服、挑水、挑餿水餵豬；我現在身高才一百四十幾公分，小時候是能長多高，肩膀能挑的東西實在有限，但還是要做，不然媽媽會很辛苦。

農業家庭 沒有童年

我們家在霧峰，可是田在烏日鄉的溪埧村（現為烏日區溪埧里），爸媽每天帶著我下田耕作；我最小的弟弟差我六歲，他出生後我還要幫忙帶他，到他三歲的時候，還會要我背他，家務、農事、保母什麼都要做，完全沒有童年。

到了八歲（虛歲）[1]，入學通知來了，媽媽說：「妳個子那麼小，九歲再去讀。」因為她要我跟堂哥們一起讀烏日鄉的喀哩國民學校（現為烏日區喀哩國民小學），但從我家走路要半個小時的路程，她怕我個子小，走路跟不上堂哥，也擔心我被同學欺負，所以要我慢一年，等再長大一點才去讀；我畢業的時候就十五歲了。

畢業後，媽媽希望我能學一點技能，伯母就建議我到臺中市區投靠開美髮店的堂姊，跟堂姊學做美髮。我聽了很高興，媽媽也同意，可是爸爸不贊成，他要我去姑婆介紹的臺中市太陽堂餅店當店員。

十六歲時，伯母趁爸爸不在家，跟媽媽談好，就帶著我去堂姊的美髮店當學徒。爸爸知道後非常生氣，決定

身為家中獨生女的林桂香（右二抱孩子）國民小學畢業後，即跟堂姊學習美髮技能，工作空檔還幫堂姊照顧孩子。（圖片／林桂香提供）

學習美髮，每天面對不同客人，讓林桂香非常注重外表，即使小小配戴，也要選擇百貨公司的產品。（圖片／林桂香提供）

要把我帶走，不管媽媽如何勸他都沒用。三天後，他就跟姑婆專程到堂姊的店裡說：「奶奶生病，桂香要回去幫忙照顧。」

我不敢違背爸爸的意思，只能跟著走。結果我發現自己不是要回家，而是要被送到太陽堂去了。我認真記下走過的路，在餅店等爸爸和姑婆一走，我就將包袱再整理整理，跟店裡的人說：「我不想在這裡，要去我姊姊那邊！」就再找路回到堂姊店裡。

雖然我心裡對爸爸的安排很不諒解，他怎麼忍心讓我小小年紀就到外地和陌生人一起生活！但我還是惦記著家裡，在店裡放假時就回家，又或是家裡農作物收成需要人手時，一定請假回家幫忙。剛開始回家看到爸爸，我都會叫他，但因為他都不理我，後來乾脆就不叫了。媽媽告誡我：「他是妳爸爸！妳還是要叫。」聽媽媽這樣說，我就繼續叫，可是爸爸還是不回應……

我從洗頭開始學起，我知道大哥在讀大學，阿公、阿嬤生病，爸爸只靠田裡的收入根本不夠開銷，所以我將當學徒領的一點點薪水，每月拿給爸爸補貼家用。爸爸知道我很乖，很認真在學，雖然薪水不多，可是多少能幫助到家裡，慢慢地我再叫他，他就有回應我了。

從不婚到以家為重

我二哥也是出外學習一技之長，並且成功地從家庭工廠做到開公司。他在我二十三歲那年（1974年），幫我在烏日開美髮店，店面在臺中針織廠的隔壁，生意非常好，我一心只想賺錢，每天開店，做到捨不得休假。我那年代的女性，大多是二十二、三歲就結婚了，很多客人都說要幫我介紹對象，我媽媽也很緊張，每次聽到我說放假要回家，她就通知媒婆幫我安排相親。

但是我對結婚的意願不大，我從小看媽媽一個女人要忙家務，也要下田，還得侍奉公婆及照顧一群兒女，常常忙得不可開交；而爸爸唯我獨尊的個性，沉默寡言，孩子都很怕他。或許因為這樣，讓我逃避結婚，害怕找到跟爸爸一樣個性的先生，害怕我的孩子跟他的爸爸沒有互動。但是在我結婚時，爸爸送我一筆現金和嫁妝：電視、冰箱、洗衣機；其實我感受得到爸爸非常疼我，只是不善於表達，不懂得如何跟孩子互動而已。

我二十八歲嫁給陳三銘，當時很多人都跌破眼鏡。除了我本來是不打算結婚之外，也是因為我們兩個人的生活落差很大。我做小姐（未婚的年輕女子）的時候很時髦，買衣服一定是百貨公司的，每天都穿得很漂亮，喇叭褲、高跟鞋……都是當時最流行的款式。陳三銘很節儉、很老實，在我們約會時就不加掩飾地告訴我，他們三代都在市場賣菜，收入不多，常常入不敷出。我會嫁給他，就是看上他的個性好，還有他的體貼，很會找話題跟我聊天，我們從來沒有一天不說話，就算吵架，他也是過一下子就主動過來跟我說話。

結婚兩年後，我生下大兒子陳宏煒，再隔兩年生小兒子陳宥仁。阿煒一出生，醫生就說，孩子有先天性的心室中膈缺損，將來要「開心」才能改善，不過要等到他長大一點，體重至少要有十二公斤。我跟先生就帶著阿煒四處求醫，尋求不用開刀的機會，但是十個醫生十個都說一樣的判斷。

阿煒到了三歲，還是一直很瘦小，不管我怎麼照顧，還是買昂貴的營養品給他吃，體重仍然停留在十公斤，而且常常感冒，帶他看病、吃藥也很不容易好。才三歲就經常要看醫生，我很心疼，後來跟先生商討後決定帶阿煒到臺北長庚醫院治療。那時候小兒子阿仁才七個月大，我決定如果阿煒要「開心」，那我就不開店了，要全心全力照顧兩個孩子。我打電話一一通知老主顧這個消息，大家都表示很不捨，但為了孩子，我不得不做這樣的抉擇。

去長庚醫院那一天是農曆8月12日，醫生檢查後說：「恭喜，孩子不用開心！做心導管就可以。」我跟我先生聽到這消息比什麼都高興。13日做完心導管手術，醫生交代為了防止傷口大量出血，還要用沙包壓住傷口八小時，所以就在醫院多留一晚。隔天我們就順利出院，在中秋節之前回家。

大兒子陳宏煒出生，醫生就說，孩子患有先天性的心室中膈缺損，長大一點必須開刀；林桂香和先生為了照顧孩子，費盡心思。（圖片／林桂香提供）

阿煒出院，我很細心地照顧他，他身體也一天一天地恢復，看到他越來越可愛，氣色越來越好，能跳能跑，我內心很安慰；先生也常騎車載他兜風，買玩具給他。上了幼稚園，老師說他很聰明，教什麼就會什麼，一切沒問題，要我放心。

但是後來我發現阿煒會將喜歡的東西占為已有，不跟弟弟分享，我擔心他被我們寵壞，開始適時地處罰他，用勸的不聽，便用罵、用打，或者罰站。先生看我在處罰兒子，會跟我說：「孩子還小，不要那麼嚴格！」我告訴他，我要讓阿煒知道，當哥哥的要愛護弟弟，有東西，兄弟要互相分享，將來長大，心才會合；小時候不教好，長大很難調教，我對大兒子的管教開始有些嚴格。

阿煒讀小學一年級時，有一天，老師跟我說，阿煒常常上課上到一半，就會自己走出教室，老師以為他要去上厠所，結果他是去外面溜達溜達再進教室。後來，學校考聽寫，阿煒全部都不會，我就拜託老師讓我到學校陪阿煒早自習，確實將老師寫在黑板上的字抄寫下來練習。老師答應後，我每天早上騎腳踏車帶阿緯上學，再留下來陪他到早自習結束，他們去升旗，我才回家。差不多這樣陪了半年，直到老師説阿煒有進步了，我才沒有再陪他。

先生驟逝 心陷憂鬱牢籠

1985年，我和先生買下南屯區中和里黎明路一段三十七巷的房子，本來打算烏日的美髮店結束後，專心帶小孩就好，但媽媽告訴我，孩子會長大，工作還是要繼續，老了才有依靠。所以在裝修新家的時候，就同時將美髮用的器具裝設在一樓。

我要帶孩子，又要做美髮，有時候忙不過來，會將小兒子帶回去娘家請媽媽幫忙照顧。先生賣菜生意一直不好，不只看不到他拿錢回家，還常常跟我要五百、一千。後來我建議他換工作，但是換了幾個工作都沒辦法適應，最後是在貨運行輪值上早晚班，工作才穩定下來。

1987年農曆8月1日晚上九點多，先生公司的老闆打電話到家裡，他告訴我先生推貨過馬路時，被一位騎機車、未滿十八歲的年輕人撞上，倒地傷到頭部，要我到醫院。掛上電話後，我心裡很慌張，那時小兒子在我娘家，我趕緊帶著讀一年級的阿煒去找住在同社區的姑姑，請她幫忙照顧。我表妹（姑姑的女兒）聽到後，馬上開車載我到醫院。

去到醫院時，我先生頭部已經包紮好了，公司老闆、肇事者的父母親也都在急診室陪他。老闆跟我說：「沒事沒事，只是外傷，都縫好了，今晚在這裡過一夜，明天就可以出院了。」看到先生人清醒，我就放心了，我問他：「要讓爸爸媽媽知道嗎？」他說：「不用。」他自己也覺得傷勢沒有很嚴重，不要讓父母知道，我就聽他的。

到了十一點多，我先生的臉色、神情開始不對勁，醫護人員檢查後跟我說，要趕快轉到大醫院。這時我才打電話通知我婆婆，我婆婆趕到時很生氣，怪我沒有第一時間就讓家裡知道，但先生這樣，我自己的心都亂了。轉院途中，我一直對著先生說：「你不要嚇我，孩子還小，我們不能沒有你……」可是他人已經陷入昏迷，一點回應都沒有了。

抵達大醫院後，醫師緊急為他開刀，手術結束時，醫師告訴我：「妳要有心理準備！」天啊！這意思是先生隨時都有可能會走，叫我怎麼能接受？怎麼可以！想到我兩個孩子還小，我真的沒辦法面對。結果，三天後，

原本打算不婚的林桂香，受陳三銘的體貼所感動，在1979年與他結為連理。沒想到八年後，先生卻因一場車禍往生，留下她和兩個年幼兒子，讓她一度罹患重度憂鬱症。（圖片／林桂香提供）

農曆8月4日，他離開了。

我整個人像是跌落山谷，看不見希望，心情糟透了，頭暈、無力、睡不著、無法久站、沒辦法工作，常常要到床上躺著，等舒服一些再起來。我被醫生診斷為重度憂鬱症病患，日子過得很煎熬，還好我小弟對我兒子十分疼愛，有空就陪他們打球、跑步、騎腳踏車……讓孩子比較不會想到自己沒有爸爸的事實，反倒是我沒辦法接受，才過得那麼痛苦。

兩年後，老二阿仁也上小學了，我堂弟每天早上開車上班，會順道載我兒子上學，我跟著去，自己再從學校走半個多小時的路回家。走那一段不算短的路程，我的精神體力才慢慢恢復，美髮店的工作才趨於正常；因為要生活、要養孩子，我不能沒有收入。

先生走了以後，我對兩個孩子的管教更為嚴格，因為我不希望聽到有人說他們是沒有爸爸的孩子，媽媽教養得不好，我也不要讓他們被人家瞧不起。

有一次月考後，我問大兒子：「阿煒，你的成績單？」他回答：「老師還沒有發。」結果，隔天早上我洗衣服的時候，在他的口袋發現一張紙，拿出來一看「成績單」，原來是考不好，不敢拿出來。我很生氣地打他，同時對他說：「我不要孩子不誠實，會跟媽媽說謊！」他知道原因後，加上被打得疼痛，慢慢也就不再發生同樣的事。

坦白說，我越打，孩子越怕我。有一回他只是聽到我叫：「阿煒！」他就開始站著，然後怕到全身是汗。我看了心裡很不捨，就過去將孩子抱在懷裡，希望讓他有安全感，能感受到媽媽是愛他的。所以，有時候兩兄弟吵架不聽勸，我就兩個一起打，但是打完後，小兒子阿仁會到我身邊撒嬌，可是哥哥阿煒不會，兩個兒子的個性完全不一樣，差別很大。

一場演講 重拾幸福之鑰

聽過證嚴上人一場「幸福人生講座」後的林桂香，即投入環保，進而受證慈濟委員，把握付出的機會，讓她憂鬱症痊癒，不再發作。（圖片／林桂香提供）

1991年，有一天我到朋友家開的中藥行買藥，遇到國小同學盧翠環，她知道我先生過世的事，便邀我去她家坐。她跟我介紹慈濟，介紹證嚴上人，也鼓勵我當志工，她說：「桂香，別人沒先生，又租房子，一樣出來做志工；妳雖然沒有先生，但是妳不用租房子，妳就帶著藥出來跟我做慈濟。」

聽盧翠環說完後，我很心動地答應她，但沒有馬上就行動，因為我的心一直很悶，想念先生的心仍然沒有減少。尤其是每年的清明節，我帶孩子去掃墓，看到墓碑後堆得高高的土丘，就想到先生躺在裡面，就忍不住靠在墳墓旁邊大哭；兩個孩子看到我哭，心裡很難過，但不知道如何安慰我。後來每年的清明節前夕，他們就會說：「媽，您去掃墓，可以不要哭了嗎？」

盧翠環找我做慈濟之後，過沒多久，換朋友童沛琪問我：「桂香，有一個師父要到黎明新村演講，我們一起去聽？」我很乾脆地回說：「好啊！」但平常人家邀我做什麼，我都會推三阻四，這一次卻沒有考慮就答應了。1991年5月14日，我在黎明新村中正堂聆聽證嚴上人主講「幸福人生講座」[2]，那是我第一次聽上人說話，不知道為什麼，也說不出來，只覺得越聽越歡喜，尤其是上人還說「用鼓掌的雙手做環保」，回收可再利用的廢棄物，我覺得很有意義，回家後就開始在鄰居間回收紙類、鐵罐等資源。

我不認識證嚴上人，不認識慈濟，曾答應盧翠環的邀約，我也沒有付諸行動，但是聽了幸福人生講座後，盧翠環再說要載我去民權路上的慈濟臺中分會（臨時分會）[3]做香積志工[4]，我就跟著去了。那時候臺中分會（現為慈濟民權聯絡處）[5]正在興建，我每個星期一去做香積志工，幫忙挑菜，也順便把整理好的回收物帶過去；可是我鬱結的心還是沒能打開，每次到分會都是愁眉不展，不與人交談。

在臺中分會我認識了慈韻師姊，我們雖然不熟，但是她很關心我，會主動找我聊天。記得我曾跟她說：「我

九二一地震後，慈濟人進行街頭募款。圖為林桂香帶著兒子，捧著愛心箱為災民募心募款。（圖片／林桂香提供）

投入慈濟後，林桂香將孩子帶在身邊，讓大兒子陳宏煒（右）、小兒子陳宥仁（左）參加慈濟活動。（圖片／林桂香提供）

身體很不好，有可能隨時會走掉，我很怕那一天突然來了，我的兩個孩子沒人照顧，怎麼辦？」她安慰我說：「妳盡管放心，真的有那麼一天，我會幫妳把孩子帶回花蓮上人那裡。」我聽到她跟我承諾這句話後，壓抑很久的心才舒展開來，從此我開始真正投入做慈濟，也學騎機車，可以自己載回收物去分會做志工，出門不用再麻煩別人。

過去四年來，每年的清明掃墓，我都是在先生的墳前痛哭，真的走入慈濟後，我發願要做上人的好弟子，從上人的開示中慢慢調適自己，1992年的清明節，我就不再哭了。

設環保點　里長護持子母車

剛開始慈濟的工作沒有那麼多，除了每週一次做香積，只要收到助念或個案訪視的訊息，我都會參加。我參加完活動，回家途中一定會到南屯精誠路上的波士頓烘焙坊買麵包，兩個孩子放學回來看到都會很開心。有時候訪視看個案要跑到雲林[6]，我就會把家裡鑰匙交給孩子，老大已經小六了，讓他們放學後自己走路回家。

1994年我要受證為慈濟委員之前，我問兒子，你們有希望媽媽做慈濟嗎？他們都說：「有。」我就說，那你們要乖，要不然人家會說媽媽顧著做慈濟，沒把你們

個子嬌小的林桂香，總是將沉重的回收物拖回自家騎樓，讓一起投入分類整理的志工免受風吹雨淋，也不用曝曬在太陽底下。（攝影／林玲悧）

林桂香用住家的騎樓做環保分類點，二十九年來，再不熟悉的回收物品，她都能拆解。（攝影／林玲悧）

教好。後來左右鄰居知道我收集的回收物是賣錢捐給慈濟，很多人就會主動拿東西來我家放，因為數量太多，我沒辦法再用機車載到分會，就先堆疊在跟隔壁騎樓中間的一道磚牆旁，每週四再請慈濟的環保車來載。

成堆的回收物，有瓶罐也有紙板，我越看越覺得不安全，萬一有路人亂丟煙蒂，燒起來就不可收拾。我家前面的馬路有十五米寬，靠近對面住戶的一半道路沒有開通，有鄰居用來停車，也有人擺盆栽或金爐，我就選了一塊空地，請我小弟從二哥的公司載來三個裝油的大鐵桶，我再把回收物都放進去，就這樣成為我們這巷子的環保點。

久了以後，我們中和里的住戶都習慣將回收物送到這裡來。環保點就在我家前面，做起來很方便，我只要看到鐵桶裝滿了，我就過去整理，無論早上、下午、晚上，沒有客人就做；鐵桶的高度跟我的身高差不多，我會找東西墊腳，慢慢把回收物撿出來分類；手搆不到的時候，就把桶子推倒，再拿鐵勾把東西勾出來整理。

雖然我很用心在整理回收物，盡量做到不影響鄰居和車輛進出，結果還是被鄰居檢舉，說我有礙環境美觀。為了這樣，我去買一塊塑膠布來蓋，因為環保車要到星期四的社區環保日才會來載，堆的量多容易被風吹散，下雨天也會淋濕，甚至會引起路人的貪念，整包拿走。有次讓我親眼看見有人再來拿，我就說：「這些回收是我要給慈濟的，你若經濟有困難，我幫你提報慈濟基金會，你可以得到補助。」從那一次開始，就不敢再有人來拿了。

結果反對我的鄰居改口說如果那裡不放回收物，還可以多停一輛車。我覺得自己沒做錯，就去找里長王明頌說明，我做對的事，每天都整理得很好，沒有妨礙鄰居。王里長知道我的狀況，2004年就把放在里長辦公處外的子母車拿來給我用，那些子母車本來是他要在社區推廣資源回收用的，但大部分里民都習慣拿來我這裡，所以就拿來替換掉我的鐵桶。他還叫我站在子母車旁拍照做宣傳，要讓大家都知道中和里也有社區回收點。

我這個點的回收物大部分都是鄰里鄉親送來的，除非他們不方便，才會請我過去載。也有一些人不住在這裡，他們只是每天上下班固定走我家這條路，看過幾次我和其他志工做分類，後來他們早上出門時就會順便將家裡的回收物送過來，但其實我不認識他們。

再失至親 付出取代傷慟

先生走了以後，我的生活重心全放在兩個孩子與慈濟，但就在2000年12月新曆過年的前幾天晚上，老二阿仁在放學回家的路上被三個年輕人圍毆，打到他臉歪一邊，下顎都斷了。後來才知道，他們是在一家小餐館門

投入環保二十九年，最讓林桂香稱讚的是志工張黃珍（左），每到環保日，她總是會帶著看護（右）一起投入。（攝影／林玲俐）

口用餐喝酒，阿仁只是路過看了他們一眼，就被打到住院一個月，只能喝流質的食物，整整瘦了十公斤……

之後回到學校上課，他再也不敢用走的，我每天得載他去坐車，下課再載他回來。只要我經過小餐館，他都會趕緊將頭轉開，兩手緊緊抱著我，不知道他有多害怕。每次想到這裡，我的心就會好痛好痛，萬一我兒子怎麼了，我還有活下去的勇氣嗎？

阿仁的同學知道後，忍不下那口氣，相約要去修理對方，而且有同學的爸爸做法官，也有當律師的，建議說可以告他們。還好我有聽上人的開示，即使心結沒辦法一時全部解開，仍然可以自我調適，我跟兒子說：「弟！不要告，你們人生都還在學習階段，要走法院，會用掉很多時間；你們去打人也要負責任，難道打人就沒有罪嗎？你要那些同學也一起走法院、上法庭嗎？」年輕人血氣方剛都想爭輸贏，聽我這樣說才願意放棄。

後來進入調解委員會談和解，對方賠二十萬，我拿了，但我很坦白向他們說：「拿這些錢，只是警告你們；我若沒有拿，那以後你們會以為隨便打人也不會有事。我也不去告你們，因為你們有人才剛從監獄裡假釋出來。」若我去告，他一定還得再進去，我不希望他的家人，一直再為他的行事擔心過日子。我再用其中兩個人的名字繳了十年的慈濟功德款，希望他們能得到善種，改過自新向善好好做人；另外一人自始至終都不承認打人，也不在和解書上簽名，只願意一起賠錢，所以我沒有幫他繳功德款。

兒子被打不到兩年，我又遭受另一個打擊。只要我有事，總是義不容辭幫我的小弟，在2002年5月出國旅遊時，他搭乘的中華航空班機從中正機場飛往香港，結果途中解體墜海，機上人員全數罹難[7]。我常常對自己說：「孩子沒有爸爸，好在有舅舅疼。」但在先生往生十五年後，小弟也走了，他的往生又讓我失去一個依靠，難過好幾年不能釋懷，總覺得人生好苦，想要好好簡單過生活都覺得很難。

但是我沒有一絲埋怨，為什麼這麼投入做慈濟，還會發生這些事情。我更努力做慈濟，除了環保，每個月固定訪視個案，到慈濟醫院當志工，還承擔幹部，讓自己沒有時間胡思亂想。美髮店就變得像下雨才開的雨傘店，有客人預約才做，沒客人就做慈濟、做環保。

社區的志工接引點

曾有客人說我工作都沒有像做慈濟那麼投入，是不是把收到的功德款拿來自己用？也有人說我都不好好賺錢養孩子，整天四處亂跑。我很大方地回應他們，我有投資我二哥的公司當股東，每年分的紅利就夠我養孩子了。我要澄清自己，不讓人家誤會，更不要他們在外面亂傳。

大部分的客人都認同我做慈濟，他們想做頭髮，都會先打電話看我在不在家，沒人接聽就是去做志工，就另外再找時間跟我預約。還有些客人和鄰居聽我說慈濟，聽到變成慈濟人，像何春桂、陳美惠、林秀鳳、趙惠美、張黃珍等都是。

張黃珍是跟我住在同一排的好鄰居，跟先生在市場做乾貨批發生意，2004年因為車禍在家調養，我就邀請她一起做環保。後來她退休了，我趕緊鼓勵她參加更多慈濟勤務，並報名培訓。2006年受證慈濟委員後，張黃珍

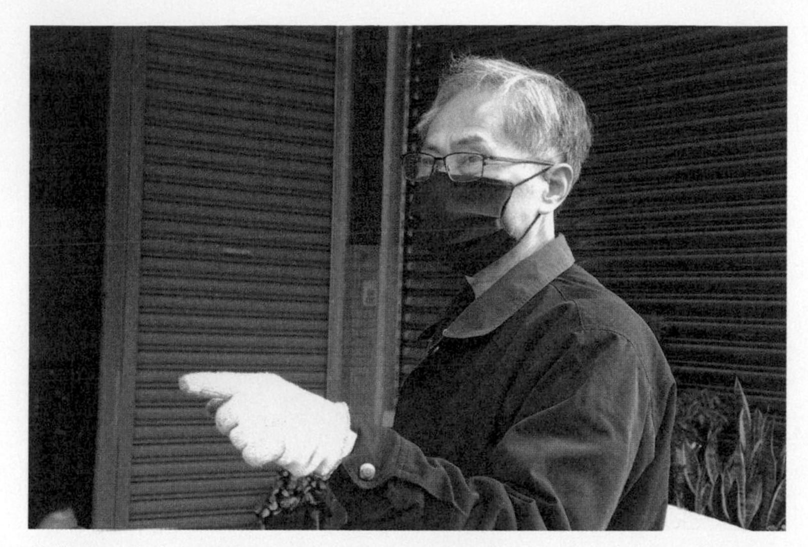

林桂香不願結束環保點的原因之一，就是為了接引環保志工葉金泉報名志工見習和培訓，直到受證為慈誠師兄。（攝影／林淑懷）

更認真，香積、助念、告別式、醫院志工，每星期四也到南屯區黎明路上的文芳香慈濟環保站做分類，哪裡有需要，她就去哪裡。

直到先生中風，張黃珍才慢慢減少參與的時間，但是我家這個環保點她始終沒有停止，因為距離她家很近，要照顧先生方便。後來她自己罹患巴金森氏症[8]，手會顫抖，四肢有點僵硬，走路緩慢，沒辦法照顧先生，反而需要請外籍看護照顧她的生活起居。

看護來要照顧張黃珍，還要陪著她到我家做分類。我們邀請看護一起做，她不高興地說：「我是來照顧妳，

小小騎樓空間，每星期固定有五到七位環保志工一起來做資源分類。（攝影／林玲悧）

不是要來整理垃圾的！」看到看護臭著臉，張黃珍不勉強，讓她站在旁邊等工作結束。

回家後，張黃珍開始讓外傭看慈濟大愛臺環保志工節目——《草根菩提》，再慢慢解釋做環保的用意。看護聽明白了才願意跟著做，幾次以後就非常清楚資源的種類，連張黃珍分錯了，還會馬上跟她說：「妳丟錯了。」有人拿回收衣物來，我會請看護挑適合穿的送給她，做環保還有禮物可以帶回去，她越做越歡喜。

一起做分類的還有夫妻檔何春桂和張榮裕、葉金泉和楊汝如，以及江勉、郭金棗等人。有一段時間，我們在子母車旁的空地做分類，遇到冬天氣溫很冷，開始的時間就往後延，等太陽大一點、溫暖一點再做；但是到了夏天，就得躲著太陽跑，越早做越不會熱。後來才想到這樣不是辦法，乾脆將回收物拉到我家的騎樓分類，冷有房子擋風，熱就從客廳接電風扇。我們的時間變得很固定，每星期一、四是我們的環保日，早上七點半開始，就會有環保志工陸續加入整理行列，通常是在九點左右做完。

有大家的護持，即使我要做別的勤務，也不擔心會沒人整理。像我每個月固定到臺中慈濟醫院做志工，張黃珍都會和看護來我家巡頭看尾，回收量過多也會主動整理。她自己行動不方便，有看護幫忙我很放心，否則我也會擔心她為了做環保反而傷到身體，對她的子女不好交代。

收穫最多在自己

在還沒做慈濟之前，我因為年輕就靠美髮賺了很多錢，所以對人對事都有一股傲氣。像有客人上門，我只會問：「要剪、要洗，還是要燙？」做頭髮的時候，不是特別熟的客人，我很少有互動聊天，頭髮弄好了，就說：「謝謝，歡迎再來。」偏偏我的客人很多。

我先生往生，婆婆很不諒解我，也很怕我改嫁，說兒子的死跟我有關係。我當然沒有很好的臉色給她，當她問起：「妳怎麼都不帶孫子回來給我看？」我會假裝對她說沒空，但其實心裡想的是：「要看妳自己不會來喔！」

後來我做慈濟，聽到上人說，父母是堂上的活佛，要用很恭敬心對待她；上人也說，假久了就會成真。為了學習「假久成真」，我開始帶孩子回去給婆婆看，本來都沒笑容，但到了婆家的騎樓時，我就開口叫她「媽媽」，也能跟她聊天；其實多半是裝出來的，心裡是很不愉快。

久了以後，大伯和婆婆看我加入慈濟有改變，就說不錯，他們很放心。有一次婆婆打電話給我，我沒接到，晚一點再打來，我就跟她說我去幫人家助念，她就接我的話說：「以後我死，也要幫我念（佛）喔！」

1992年底，婆婆往生時，我遵照跟她的約定，請兒子和慈濟的師兄師姊到家裡為她念佛，師兄師姊還幫她換好衣服，將大體從樓上搬到樓下，並把一切都安排妥善，才各自回家；那時都已經晚上十一、二點了。

我娘家對我做慈濟，一開始是不支持，我媽媽說我還要賺錢養孩子，跟人家做什麼志工，等到了當阿嬤的年紀再做就好。可是她後來也跟著我搭慈濟列車到花蓮參訪，除了認同，還經常跟我爸爸捐錢護持慈濟。

跟我住同社區的姑姑也是不支持，她說我做慈濟做到

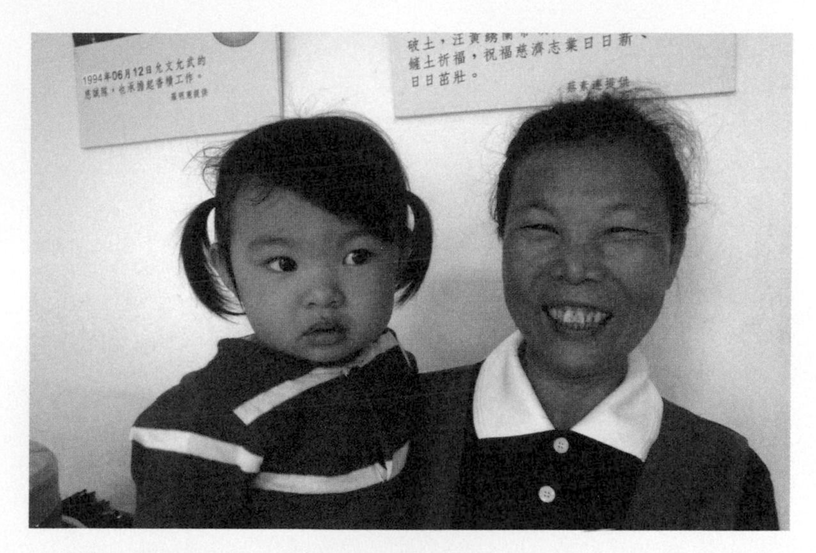

林桂香不管做環保或參加其他活動，總是喜歡將孫女（陳宏煒的女兒）帶在身邊，讓她從小就在充滿愛的環境中長大。（攝影／林淑懷）

走火入魔，常常不在家，讓她找不到人。後來她接受我的邀約一起做資源分類，一直持續到現在，而且每星期二早上還到文心南路的臺中分會當福田志工，幫忙整理環境。

我做慈濟後，對我跟兩個兒子的相處幫助最大，以前只要他們讀書考不好，我就會打罵。做慈濟以後，我的心放寬了，我聽上人的教導，不用父母的心教育孩子，這樣容易把得失的心態加諸在孩子身上，造成孩子心理的壓力，只覺得我嘮叨，而不是真的受教；要用菩薩的智慧，不強加自己的期望與要求，無所求地開導，孩子

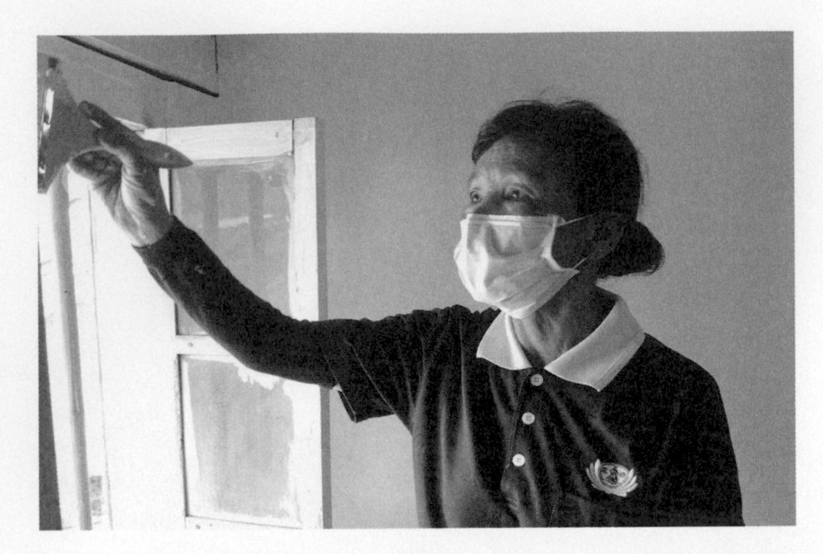

環保志工林桂香，不只投入環保，為照顧戶整修房子也不缺席。（攝影／林淑懷）

林桂香認為到三義園區採茶，好像出來遊山玩水，心情很不一樣，而且手工採茶，也是一種環保的工作方式。（攝影／林淑懷）

自然會有成長。

捨小愛 成就人間菩薩

我兩個兒子已經各自成家，工作關係都住在外面，他們最不放心我一個人住，希望我能輪流搬過去跟他們同住，但是要將做了二十幾年的環保點收起來，我就想起生病的張黃珍，如果沒有我這個點，她就沒地方去，只能在家當個病人，我真的很捨不得。而且我也想照顧社區志工葉金泉、楊汝如這對夫妻的道心，所以我念頭一轉，決定不將環保點收起來，我可以一個人住，偶爾到兒子那裡小住幾天就好。

葉金泉和楊汝如是我之前在烏日開店的鄰居，我搬來南屯，她也跟來給我做頭髮，我邀她繳功德金，每個月跟她收功德金，慢慢又邀她來做福田、做環保。她好不容易繳了慈濟善款，也做了將近十年的環保，我若將環保點收起來，他們夫妻有可能因此斷掉與慈濟的互動。

到現在，我還沒辦法度他們夫妻進來，是因為楊汝如的弟弟是慈濟教師聯誼會的老師，在太太往生後全心投入慈濟。她看到弟弟很忙碌，好像時間都賣給慈濟了，她不喜歡這樣子，她覺得人要有一點自己的空間。所以我還要繼續鼓勵葉金泉能參與志工見習和培訓，期望有一天他能在太太楊汝如的支持下，如願培訓受證。

林桂香法入心，完全來自她平時喜歡閱讀證嚴上人的書籍，天天薰法。（攝影／林淑懷）

林桂香（右）除了投入環保，還有每個月的醫院志工，每次不是承擔四天，就是一個星期，甚至其他區人力不足，她也支援補位。（攝影／陳瑛琦）

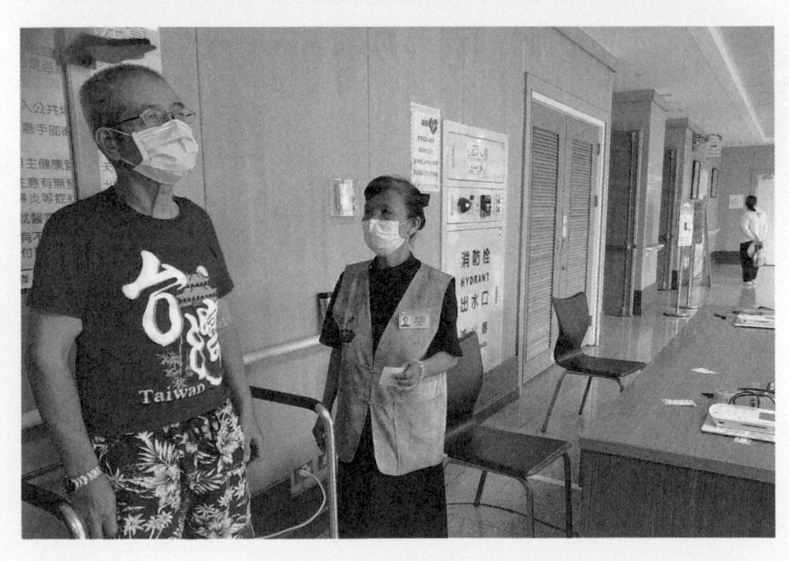

做環保減少很多煩惱，對我自己、張黃珍都得到很大的助力，我把對家人的小愛，轉為守護大地的大愛，張黃珍把做環保當作復健，證明自己還很有用。她生病後要剪寶特瓶蓋變得很辛苦，每一次都要使盡全身的力氣，剪久了，原來手抖得很厲害的現象改善了，有時候甚至不會抖，走路的步伐更穩更快。

環保日和我醫院志工時間重疊時，張黃珍和看護總是最先到我家，她最常掛在嘴邊的話是：「即使坐輪椅也不放棄做環保，沒時間也要騰出時間，等到身體更不好才要做，太晚了。」已經八十歲的張黃珍，對慈濟、對上人的心是那麼堅持，換作別人可能因此放棄了，但是她從沒有停止，這種毅力很值得我學習。

上人曾說：「過一年，歲數增加一歲，但是生命減少一年。我們都要好好珍惜擁有的健康身體，不要等到哪一天身體不聽使喚了，才要發大心立大願，真的都太晚了。」我在張黃珍身上體會到這句話，如同先生往生那一段時間力不從心的苦，我也告訴自己不能懈怠，珍惜當下做該做想做的事。

感恩有慈濟，讓我做環保，讓我每天生活充實；如果我的人生沒有慈濟這條路，真不知道該如何走下去，也因為有上人的法支撐著，我才能撫平先生的往生、弟弟的往生，小兒子被打的層層傷痛。

1 《中華民國憲法》第十三章第五節第一六〇條明文規定「六歲至十二歲之學齡兒童，一律受基本教育」。受訪者林桂香生於12月9日，實歲六足歲時已逾該年新學年度開學時間，須至七足歲才會收到政府的入學通知。林桂香自述八歲收到入學通知，是因慣用「虛歲」計算，即出生時就記為一歲，全篇口述紀錄中談及她與家人的年齡皆是以「虛歲」計算。

2 為慶祝中華民國80年（1991）母親節，臺灣省政府——黎明辦公區公共事務連繫協調委員會等單位，特邀請證嚴上人，於5月14日下午二時，在臺中黎明新村中正堂，舉行一場「幸福人生與慈濟精神」專題演講。資料來源：林秀美、徐佩伶，〈人生的幸福 從惜福開始 上人勉勵黎明新村成為慈濟模範村〉，《慈濟道侶》，第130期（1991年6月1日），第二版。

3 慈濟臺中分會於1986年3月21日至2013年8月31日設址在臺中市民權路314巷2號，其間因應會務發展需要，1990年12月7日拆除擴建，分會工作人員移至臨時分會，即對面的寶座大廈一、二樓處理會務，志工活動也暫在此地舉行，直至1992年10月31日新會所落成。2013年9月1日，分會遷至文心南路臺中靜思堂，民權路舊址於2018年5月24日更名為「慈濟民權聯絡處」。資料來源：慈濟年表資料庫。

4 香積志工，指慈濟活動或賑災行動中，負責供應餐食的志工，其名典出《維摩詰經・香積佛品第十》。資料來源：孫秉森撰文、廖右先編輯，〈香積志工〉，「慈濟全球資訊網」。https://reurl.cc/v15z5N（2020年8月26日檢索）

5 同註3。

6 1997年落實社區分組前，慈濟臺中分會會務包含臺中縣市、苗栗、投、彰化、雲林。資料來源：中區人文真善美團隊，

〈中區落實社區組織樹狀圖表〉，2011年4月29日製表。

7 2002年臺灣中華航空一架波音747-200型，編號611號班機自中正機場飛往香港途中，飛行到澎湖馬公海域，卻在高度約三萬五千呎的高空處突然解體，墜毀海面，機上206名乘客及19名機組員共225人全部罹難。資料來源：〈【2002年歷史的今天】華航澎湖空難225人喪命〉，2016年5月25日，華視全球資訊網。https://pse.is/qvqkb（2020年9月21日檢索）

8 1817年，一位名叫詹姆斯・巴金森（James Parkinson）的英國醫師，他首先發表了一篇文獻，詳細描寫了發生在六位老人身上，一種伴隨著四肢發抖、無力、軀幹駝背、動作緩慢的疾病。後來陸續有人觀察到同樣的病例，因此就把該病命名為巴金森氏症（Parkinsons disease）。此病是一種好發在老年人的退化性神經疾病，根據臺大醫院本身的統計，患者平均發病年齡約為五十八歲。典型的巴金森氏病有三種表現：震顫（手部發抖）、四肢僵直和行動緩慢。資料來源：〈認識巴金森氏症〉，臺大醫院神經部網頁。https://psc.is/w58ty（2020年9月26日檢索）

附錄

慈濟臺灣各類資源回收總重量

▍統計時間：2019/12/31止 ▍資料來源：宗教處

回收總重量（公斤）	寶特瓶總重量	紙類總重量
81,831,205	3,803,635	39,553,633
塑膠總重量	鐵類總重量	鋁類總重量
6,424,653	8,044,999	903,437
廢五金總重量	舊衣物總重量	玻璃瓶類總重量
561,482	3,851,664	11,151,187
銅類總重量	鋁箔包總重量	白鐵總重量
294,832	2,598,649	290,709
塑膠袋總重量	電池總重量	其它（註）
3,689,890	187,199	475,236

【註】
一、以上數據單位為「公斤」。
二、光碟、手機、平板、電腦、日光燈管等皆屬其他類。

附錄二

慈濟環保志工臺灣分布概況

▍統計時間：2019/12/31止 ▍資料來源：宗教處

◆ 2019年臺灣慈濟環保志工合計 89,585 人。

北部	總人數
臺北	37,324
新北	
基隆	
金門	
澎湖	199
桃園	5,561
新竹	4,817

中部	總人數
苗栗	581
臺中	7,884
南投	1,553
彰化	4,091

南部	總人數
雲林	943
嘉義	2,260
臺南	5,718
高雄	11,240
屏東	3,698

東部	總人數
宜蘭	2,710
花蓮	526
臺東	480

【註】
臺北、新北、基隆、金門等四地因慈濟社區運作模式，採合併計算，無各別數據。

附錄三

慈濟環保據點臺灣分布概況

▌統計時間：2019/12/31止 ▌資料來源：宗教處

◆2019年慈濟於臺灣，設有273處環保站、8,536處社區環保點，總計8,809處。

北部	環保站（註一）	社區環保點（註二）	總計
臺北 新北 基隆 金門	35	2,057	2,092（註三）
澎湖	1	16	17
桃園	24	274	298
新竹	15	188	203

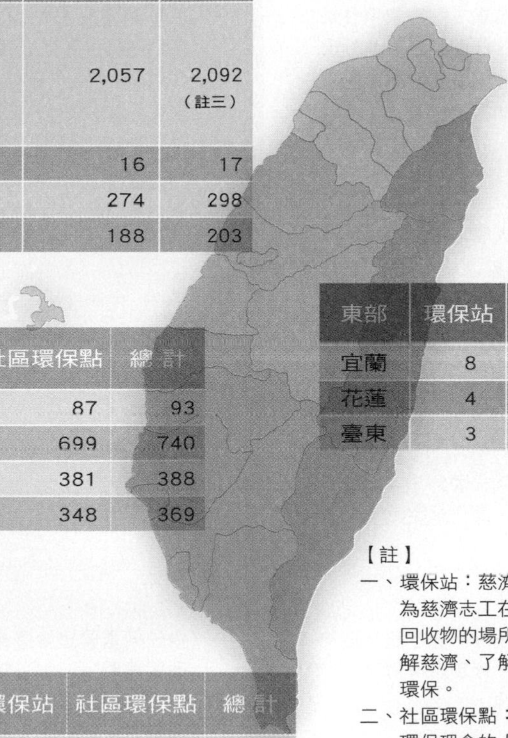

中部	環保站	社區環保點	總計
苗栗	6	87	93
臺中	41	699	740
南投	7	381	388
彰化	21	348	369

東部	環保站	社區環保點	總計
宜蘭	8	123	131
花蓮	4	297	301
臺東	3	250	253

南部	環保站	社區環保點	總計
雲林	7	250	257
嘉義	17	598	615
臺南	27	862	889
高雄	37	1367	1404
屏東	20	739	759

【註】

一、環保站：慈濟社區道場之一，為慈濟志工在各社區集中資源回收物的場所，開放給大眾了解慈濟、了解環保，進而力行環保。

二、社區環保點：社區中認同慈濟環保理念的人，在慈濟志工的帶動下，在適當的地點，定點、定時收集資源回收物資，再送往慈濟環保站延續物命。

三、臺北、新北、基隆、金門等四地因慈濟社區運作模式，採合併計算，無各別數據。

附錄四

慈濟環保三十中區大事記

慈濟環保三十大事記

1990

1990.08.23

證嚴上人受吳尊賢公益講座邀請至臺中新民商工演講，並勉眾用鼓掌的雙手做環保，此即為慈濟推動環保之濫觴；回收物變賣所得，歸入慈善基金，幫助弱勢家庭。

1992

1992.03.12

第二波「預約人間淨土」——環保綠化篇系列活動展開，自 3 月 12 日植樹節起至 4 月 22 日世界地球日止，為期一個多月。此項活動宗旨，在落實全民綠化工作，永留子孫自然空間；推廣環保護生觀念，珍惜地球萬物資源。

1992.06.27

慈濟環保跨海紮根國外，美國紐約志工首推環保，即日起定期舉辦法拉盛掃街活動。

1994

1994

全面推動環保餐具，籲眾隨身攜帶環保碗筷杯，一來護自身健康，二來愛惜大地資源。

1996

1996.10.20

「九九九，大家一起來掃地」環保運動，全臺有近五萬民眾參與。這項「美麗臺灣、清淨家園」系列活動由《天下》雜誌總策畫，十七

慈濟環保三十中區大事記

1990.08.23

新民商工演講結束後，中區慈濟志工於返家途中即開始撿拾被棄置在路邊的可回收資源。

1990.09

南屯區黎明新村慈濟志工在自家設環保點，蒐集並整理社區回收物。

1994.07.10

中區榮董聯誼會發起「敦親睦鄰環保運動」，志工從大型垃圾至水道汙泥做地毯式清掃，淨化臺中市容。

個公益單位共同主辦。慈濟是此次掃街活動中最大的聯絡中心，發起十八個縣市、四十多個活動定點集合，上萬人的全臺總動員。

1997

1997. 06.21
第一次舉辦的「全省環保志工尋根之旅」，共計有五百名環保志工參加。

1997
外埔區中山大地環保教育站成立。

1997.09.17
慈濟臺中分會與彰化縣環保局合作，在八卦山區進行中秋淨山。

1999

1999.08
受臺中市環保局邀請，隨垃圾車向民眾宣導垃圾強制分類。

2001

2001.09.17
賑災兼顧環保，急難救助行動全面採用環保餐盒。

2001.02
北區錦志環保教育站成立。

2001.07.01
沙鹿區臺中港區聯絡處環保教育站成立。

2002

2002.03.08
證嚴上人於展開行腳，因大愛臺所費人力、財力相當大，有感護臺壓力大，遂提出了新主張，並在行腳期間，問了各主管及眾人意思，是否能將環保志工善款拿來護持大愛臺，獲得全體認同。因此，慈濟環保回收變賣所得，自 2002 年起，由慈善基金改為護持大愛電視臺，製作更多優質淨化人心的好節目。

2002 年
西屯區東大園區環保教育站成立。

2002.04
東勢區東勢聯絡處環保教育站成立。

2002.03.11
清水區清水環保教育站成立。

2002.05.18
霧峰區霧峰環保教育站成立。

2003

2003
太平區長安環保教育站成立。
大雅區大雅環保教育站成立。
苗栗縣通霄鎮通霄環保教育站成立。

慈濟環保三十大事記

2004.08.13
慈濟國際人道援助會成立，成為慈濟救援行動之後援，所開發的食衣住行之賑災用品，主要以環保再生為訴求，如慈濟環保毛毯。

2005.06.03
推廣「環保五化」：年輕化、生活化、知識化、家庭化、心靈化。

2007.03.13
推動「克己復禮」運動，第一階段──有禮真好，第二階段──全民減碳。

慈濟環保三十中區大事記

2003.11
南屯區文芳香環保教育站成立。

2004

2004
苗栗縣卓蘭鎮卓蘭環保教育站成立。

2004.11
神岡區豐洲環保教育站成立。

2005

2005.12.31
潭子區潭子環保教育站成立。

2006

2006.01
西區向上環保教育站成立。

2006.03.28
自今年度起，參與大甲媽祖繞境之環境維護。

2006.06.17
潭子區新田環保教育站成立。

2006.08.08
烏日區環中環保教育站成立。

2006.09.09
大里區大里二環保教育站成立。

2006.09.23
苗栗縣苑裡鎮苑裡環保教育站成立。

2007

2007
后里區中和環保教育站成立。

2007.04.01
臺中志業園區實施廚餘堆肥。

2007.05.06
首次在夏綠地公園舉辦為期二週的「與地球共生息」大型展覽。

2007.06.01
豐原區鐮村環保教育站成立。

2008

2008.02.17
后里區后里聯絡處環保教育站成立。

2008.06.22
神岡區聚福環保教育站成立。

2009

2009.04
大里區大智環保教育站成立。

2010

2010.01
《遠見》雜誌首次舉辦「邁向哥本哈根，尋找臺灣環境英雄」選拔活動，證嚴上人身體力行環保，並帶動既影響全球慈濟人投身環保行列，獲評為「官員及領袖類」臺灣環境英雄。

2010.4.17
臺灣慈濟大專青年聯誼會志工大串連，發起「時代青年千萬素，減少百萬 CO_2」運動，希望匯聚十萬位青年共同響應蔬食運動的力量。

2010.09.06
慈濟環保二十年，證嚴上人全臺展開「環保感恩之旅」，並鼓勵環保志工除了彎腰做環保，還要挺腰說環保，推廣「環保精質化，清淨在源頭」的觀念。

2010
北區忠太東路環保教育站成立。

2010.06.07
中區七位慈濟志工獲頒「臺中市西屯區九十九年績優環保志工獎」。

2010.10.01
臺中縣環保局為推動「垃圾減量、資源回收」，安排五十七位員工至慈濟東大園區環保站和惜福站，進行觀摩。

2010.12
大安區大安福興環保教育站成立。

2011

2011.05.25
證嚴上人於志工早會呼籲大家惜糧，餐餐八分飽即可。26 日藥師法會中，更提及節儉生活，食八分飽，餘兩分可布施，幫助苦難人，勉眾勿求口欲貪飲食，更不要浪費糧食。

2011.09.24
開辦「慈濟環境教育師資培育研習」課程。

2011.09.24
北區福音環保教育站成立。

慈濟環保三十大事記

2013.11.11
首次以會議觀察員身分參加聯合國氣候變遷組織會議。

慈濟環保三十中區大事記

2012

2012.01.01
梧棲區梧棲環保教育站成立。

2012.02.19
白沙屯媽祖遶境回鑾日，中區志工沿途設置回收點，推動「垃圾不落地，媽祖好子弟」，另提供環保碗筷給繞境隊伍使用。

2012.06.02
北屯區大德環保教育站成立。

2012.09.02
南屯區春社環保教育站成立。

2012.10.01 北屯區松竹環保教育站成立。

2013

2013.03.09
烏日區九德環保教育站成立。

2013.03.24
南區福興環保教育站成立。

2013.06.09
北屯區平安環保教育站成立。

2013.08
東區東區環保教育站成立。

2013.08.24
龍井區龍井環保教育站成立。

2014

2014.01.22
中區柳川環保教育站成立。

2014.02.07
應南投縣政府環境保護局邀請，於臺灣燈會期間向賞燈民眾宣導垃圾不落地，投入志工約一千三百人次，回收資源約九公噸。

2014.06.24
南屯區臺中分會環保教育站成立。

2015

2015.02.14

西區健行環保教育站成立。

2016

2016.01.11

發起「111世界蔬醒日」，以「111一一天、一念心、一個解決方法」為概念。

2017

2017.05

大甲區幼獅環保教育站成立。

2018

2018.11.03

「2018臺中世界花卉博覽會」期間設置「大愛環保科技人文館」，宣導環保愛護大地，投入志工約一萬三千人次，參訪民眾逾十一萬人次。

2019

2019.03.08

啟動「雲端健康關懷系統」計畫，關懷環保志工健康。

2020

2020.02.08

「2020臺灣燈會在臺中」，於慈濟燈區動員志工約一千八百人次，為三萬三千五百多人次的參訪者，宣導環保觀念。

2020.07.15

慈濟環保三十周年中區布展於臺中靜思堂開展。

2020.08.23

慈濟環保三十年。

環境保護口述歷史系列001

拾福 環保三十周年中區慈濟志工口述歷史

慈濟基金會執行長／顏博文

慈濟基金會文史處 策劃／何日生、賴睿伶、林如萍

編輯群／吳明勳、沈昱儀、林如萍、黃基淦

圖表設計／陳誼蓁

志工行政協調／蔡謀誠、張翠娥

志工口述／林秀鳳、李前英、洪妙禎、曾欽瑞、黃元杰、黃陳淑惠、林金國、林桂香

口述整理／魏玉縣、方佳惠、林淑懷、張美齡、林玲俐、張麗雲、洪素養
（以下皆依姓氏筆畫排列）

圖影記錄／王建忠、李威德、吳淑妃、林長德、林津里、林玲俐、林淑懷、林瑋馨、林銀珍、洪素養、施教岩、施龍文、徐振富、凌榮哲、張廷旭、章宏達、陳素蘭、陳瑛琦、陳榮豐、陳麗雪、許順興、許碧燕、廖光博、廖春華、廖淑美、鄧和男、歐明達、魏玉縣

聽打記錄／方佳惠、江惠君、吳淑妃、林秀貞、林玲俐、林素玲、林淑懷、陳香如、張美齡、曾千瑜、楊家妤、魏玉縣

志工協力／林玉鳳、許竹宜、潘俞臻、黎秀麗

發 行 人／王端正

總 編 輯／王志宏

叢書主編／蔡文村

叢書編輯／何祺婷

美術指導／邱宇陞

特約美編／林家琪

出 版 者／經典雜誌
財團法人慈濟傳播人文志業基金會

地　　址／台北市北投區立德路二號

電　　話／（02）2898-9991

劃撥帳號／19924552

戶　　名／經典雜誌

製版印刷／禹利電子分色有限公司

經 銷 商／聯合發行股份有限公司

地　　址／新北市新店區寶橋路235巷6弄6號2樓

電　　話／（02）2917-8022

出版日期／2020年11月初版

定　　價／新台幣400元

ISBN 978-986-99577-3-1（平裝）

Printed in Taiwan

國家圖書館出版品預行編目(CIP)資料

拾福：環保三十周年中區慈濟志工口述歷史／
林秀鳳等口述；魏玉縣等整理. -- 初版. -
臺北市：經典雜誌, 慈濟傳播人文志業基金會,
2020.11　360面；　15*21公分

ISBN 978-986-99577-3-1(平裝)

1.慈濟 2.慈濟志工 3.中區慈濟志工 4.慈濟基金會
5.慈濟環保志工 6.慈濟環保 7.環保

547.16　　109016443